校企合作职业本科教育精品教材

客户关系管理

主审　吕　梁
主编　张歌凌　张宾宾

教·学
资　源

时代出版传媒股份有限公司
安徽科学技术出版社

图书在版编目（CIP）数据

客户关系管理 / 张歌凌，张宾宾主编. -- 合肥 : 安徽科学技术出版社，2025. 1. -- ISBN 978-7-5337-9262-6

Ⅰ．F274

中国国家版本馆 CIP 数据核字第 2025TS0014 号

KEHU GUANXI GUANLI

客户关系管理   主编 张歌凌 张宾宾

出 版 人：王筱文   选题策划：王 利   责任编辑：王爱菊
责任校对：沙 莹   责任印制：阮怀平   装帧设计：北京金企鹅
出版发行：安徽科学技术出版社   http://www.ahstp.net
　　　　　（合肥市政务文化新区翡翠路 1118 号出版传媒广场，邮编：230071）
　　　　　电话：（0551）63533330
印　　制：北京时代华都印刷有限公司   电话：（010）61015014
（如发现印装质量问题，影响阅读，请与印刷厂商联系调换）

开本：787×1092 1/16   印张：13.25   字数：306 千
版次：2025 年 1 月第 1 版   印次：2025 年 1 月第 1 次印刷

ISBN 978-7-5337-9262-6   定价：49.80 元

前 言

在现代市场竞争中，谁能与客户建立并保持稳定的关系，谁就能获得持续的竞争优势，从而立于不败之地。可见，企业要想在激烈的市场竞争中实现长期稳定的发展，就必须重视客户关系管理。企业开展客户关系管理工作的同时，对工作人员的要求也不断提高。鉴于此，我们组织一线双师型教师和企业专职人员编写了这本《客户关系管理》。

本书按照"以技能训练为主线，以相关知识为支撑"的编写思路进行编写，内容全面，结构合理。本书充分参考和借鉴了本领域最新的理论成果，在保证基础知识和基本理念具有科学性和先进性的前提下，强调实践内容的实用性和可操作性。学生通过学习本书，可以增强职业技能和职业素养，从而有效促进专业成长与个人发展。

总体而言，本书主要具有以下几个方面的特色。

一、素质教育，立德树人

党的二十大报告指出："育人的根本在于立德。"本书有机融入党的二十大精神，不仅注重培养学生的专业知识与技能，而且重视培养学生的职业道德。例如，在学习目标中有针对性地提出"素养目标"，引领学生在学习过程中追求思想进步；在正文中设置"明德博学"体例，讲述与模块内容相关的人物故事或时事，引导学生树立正确的人生观、价值观和世界观，使其保持积极向上的人生态度；在实践活动中，引导学生在掌握实践技能的同时培养责任感、协作精神和创新意识，成为德才兼备的高素质人才。

二、校企合作，协同育人

本书在一线双师型教师和企业专职人员的指导与支持下编写而成，充分考虑了教学大纲要求与企业需求，强调内容的实用性和针对性。通过学习本书，学生能够系统地掌握客户关系管理的相关知识与技能，树立以客户为中心的理念，掌握相应的客户关系管理工具，培养独立思考、自主学习、积极实践的能力，为其胜任客户关系管理工作打下坚实的基础。

三、理念创新，优化课程

本书积极践行"以学生为主体，以教师为主导，以能力为根本"的教育理念，在正文中设置"典型案例""管理视野""头脑风暴""知识贴士"等体例，在激发学生学习兴趣的同时，拓宽学生的视野。同时，本书每个模块均设有"知识试练""笃行致远"体例，

能够帮助学生及时巩固并综合运用所学知识，提升实践能力。

四、资源丰富，平台支撑

本书配有丰富的数字资源，将教材、在线课堂和教学资源进行融合，构建了线上、线下相结合的教学模式。学生可借助智能手机或其他移动设备扫描扉页二维码获取相关内容，教师可登录文旌综合教育平台"文旌课堂"查看和下载本书配套资源，如"知识试练"答案、优质课件、教案、课程标准等。

此外，本书还提供了在线题库，支持"教学作业，一键发布"。教师只需登录"文旌课堂"App，即可迅速选题、一键发布作业、智能批改作业，同时还可查看学生的作业分析报告，可有效地提高教学效率，提升教学体验。学生可登录"文旌课堂"App在线完成作业，巩固所学知识，提高学习效率。

本书由吕梁担任主审，张歌凌、张宾宾担任主编，陈晓烈、江莉花担任副主编。由于编者水平有限，书中存在的疏漏和不妥之处，敬请广大读者批评指正。

特别说明：

（1）本书所选案例均来源于真实事件，但为了避免引起误会，部分人物和单位使用了化名。

（2）本书没有注明资料来源的案例均为编者根据真实事件改编。

🔍 | **本书配套资源下载网址和联系方式**

🌐 网址：https://www.wenjingketang.com
📞 电话：400-117-9835
✉️ 邮箱：book@wenjingketang.com

目 录

模块一

见微知著——客户关系管理理论认知   1

模块二

与时偕行——客户关系管理技术支持   23

模块三

觅迹寻踪——客户开发管理   **48**

模块四

井然有序——客户信息管理　　75

模块五

量体裁衣——客户分级管理　　95

模块六

开诚相见——客户互动管理   **112**

模块七

无微不至——客户满意度管理 143

模块八

尽善尽美——客户忠诚度管理 168

模块九

久久为功——客户保持管理　　184

参考文献　　201

见微知著

——客户关系管理理论认知

模块导读

企业从创立起就和客户紧密地联系在一起，没有客户的消费，就没有企业的收益；没有客户的持续消费，就没有企业的发展壮大。可以说，客户关系管理是企业获得利润的保障，是企业树立品牌的捷径，也是企业获得竞争优势的手段。

本模块主要介绍了客户、客户关系及客户关系管理的基本理论知识。

素养目标

（1）树立"以客户为中心"的意识，为客户关系管理打下基础。

（2）培养集体观念，热心帮助他人。

知识目标

（1）了解客户的类型及客户价值理论。

（2）了解客户关系的要素及类型。

（3）熟悉客户关系生命周期理论。

（4）了解客户关系管理的产生与发展。

（5）熟悉客户关系管理的内涵与重要性。

（6）熟悉客户关系管理的注意事项。

技能目标

（1）能够对企业的客户进行分类。

（2）能够完整、系统地了解企业的客户关系管理工作。

任务一　了解客户及客户关系

C 任务导入　客户关系管理交流会

　　在这个充满不确定性的数字经济时代，人工智能、区块链、云计算、大数据等构成了当今时代的主旋律，并不断描绘着企业新的竞争蓝图，谱写着企业新的成功定律，推动着企业向更高质量发展。为了应对新机遇和新挑战，众多企业都在积极寻求更有效的客户关系管理模式。

　　2022 年 2 月 18 日，客户关系管理交流会如期举行，参会成员有多家企业管理人员、多所高校教师及学生代表。本次交流会以线上形式开展，以企业客户关系管理工作的方向和内容为主，分为客户关系管理基本理论与现有支持技术认知、客户开发管理、客户信息管理、客户分级管理、客户互动管理、客户满意度管理、客户忠诚度管理及客户保持管理等模块。

　　与会者阐述了各自对客户及客户关系的理解。有人说："企业运营的最终目的是营利，而客户是决定该目的能否实现的关键因素之一。"也有人说："一个企业不管有多好的设备、技术和团队，如果没有客户，那么一切都将为零。"还有人说："企业同客户之间既是买卖关系，也是利益关系，同时又是伙伴关系。"

请思考： 你觉得什么是客户？什么是客户关系？

一、客户

　　客户是指对企业的产品或服务有需求的个人或组织。

管理视野

消费者、用户和客户的区别与联系

　　消费者、用户和客户是产品与服务交易过程中经常用到的三个概念。传统观念认为，这三者是同一个概念。但对于企业而言，它们具有一定的区别与联系。

　　一、消费者与客户

　　消费者是指以个人消费为目的，购买及使用产品、接受服务的社会成员，是产品或服务的最终使用者。

客户包含消费者。客户可能是最终消费者，也可能是产品或服务的采购者或供应链内的中间商等。客户不仅仅指个体，同时也包含企业、政府等团体组织，其购买对象不仅包括用于个人生活的产品或服务，也包括用于企业生产的各类生产资料和服务。

二、用户与客户

用户是指某项产品或服务的具体使用者，是正在使用产品或接受服务的个人或组织，如手机用户等。只要是正在使用产品或接受服务的人，无论其是否付费，都属于用户。例如，很多人都是微信用户，但并未对此付费。

客户不一定是用户，但一定是为产品或服务付费的一方。例如，A 公司购买一辆汽车给总经理使用，则 A 公司是汽车公司的客户，总经理是汽车公司的用户。

（一）客户的类型

根据不同的划分标准，客户有不同的类型。

1. 根据客户状态划分

根据客户状态的不同，客户可分为非客户、潜在客户、目标客户、现实客户和流失客户。

（1）非客户是指与企业没有产生交易，不太可能购买企业产品或服务的群体。

（2）潜在客户是指对企业的产品或服务存在需求和购买动机的群体，即有可能购买但还没有购买企业的产品或服务的群体。这类客户与企业存在合作机会，属于有待企业挖掘并大力争取的客户。例如，所有怀孕的准妈妈都是孕婴用品店的潜在客户。

（3）目标客户是指企业经过挑选后确定的，力图通过有针对性的营销活动，将其开发为现实客户的群体。例如，一家专门销售健身器材的店铺将注重健康和体形管理，且愿意投资于健身设备的人群作为自己的目标客户。

（4）现实客户是指已经购买企业的产品或服务的群体，属于购买需求已得到满足的客户。根据客户与企业之间关系的疏密，现实客户又可以分为初次购买客户、重复购买客户和忠诚客户。

（5）流失客户是指曾经购买过企业的产品或服务，但已不再购买的群体。

管理视野

五种客户类型的转化

非客户、潜在客户、目标客户、现实客户和流失客户这五种客户类型是可以相互转化的。例如，潜在客户或目标客户一旦发生购买行为，就会变成企业的初次购买客户。初次购买客户如果经常购买同一企业的产品或服务，就可能发展成该企业的重复购买客户，甚至忠诚客户。但是，初次购买客户、重复购买客户和忠诚客户也会因其他企业给出更有诱惑力的条件，或因对企业的不满而成为流失客户。而流失客户如果

被成功挽回，则可能成为重复购买客户或忠诚客户；如果无法挽回，那么他们将永远流失，成为企业的非客户。

五种客户类型的转化过程如图1-1所示。

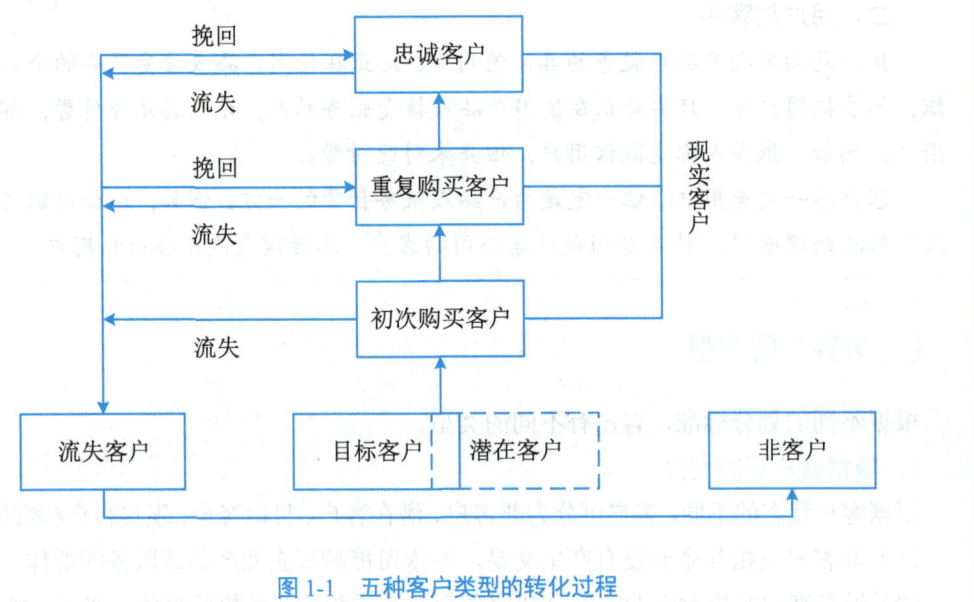

图 1-1　五种客户类型的转化过程

2. 根据客户购买目的划分

根据客户购买目的的不同，客户可分为终端客户和中间客户。

（1）终端客户，又称"最终客户"，是指购买和使用企业的产品或服务的群体。这类客户数量众多，也最受企业关注。

（2）中间客户是指购买企业产品或服务的中间商。他们并不是企业产品或服务的直接使用者，如处于企业与用户之间的经销商。

没有中间商可以吗

3. 根据客户消费特征划分

根据客户消费特征的不同，客户可分为灯塔型客户、跟随型客户、理性客户和逐利型客户。

（1）灯塔型客户是指具有某一典型特征的一类群体，典型特征包括对新生事物和新技术非常敏感、喜欢尝试新事物、对价格不敏感等。这类客户不仅在产品或服务刚投入市场时就会选择购买，还会积极鼓动他人购买，并为企业提供相关建议，这同时也提升了企业与其交易的意愿。

（2）跟随型客户是指紧跟灯塔型客户并具有感性消费特征的一类群体。这类客户比较在意产品或服务带给自己的心理满足和情感需求，对价格不一定敏感，但十分在意产品或服务的品牌形象。

（3）理性客户是指购买产品或服务时比较谨慎的一类群体。这类客户相信自己的判断，且会从多方面进行比较，不完全依赖于某一品牌，对产品或服务的质量、价格等较为敏感。

（4）逐利型客户是指对价格较为敏感，通常在产品或服务的价格有明显优势时才会选择购买的群体。一般情况下，这类客户只能为企业提供最基本的购买价值和信息价值。

头脑风暴

　　请回想一下你在实际生活中购买产品或服务的经历，并结合自己的性格特征，谈一谈自己属于哪一类型的客户。

除上述客户分类外，客户还存在其他分类方式。例如，根据企业从客户那里得到利润量的不同，客户可分为关键客户、普通客户和小客户；根据客户所处地域的不同，客户可分为国内客户、国外客户，或者本区域客户、外区域客户等。

无论企业采用哪一种方式来划分客户，其目的都是为客户提供个性化服务，进而创造更高的客户价值，最终提高企业利润。

（二）客户价值理论

有人认为客户价值的方向是"企业→客户"，即企业为客户创造价值，其受益者和所有者是客户，这种价值称为客户让渡价值；也有人认为客户价值的方向是"客户→企业"，即客户为企业创造价值，其受益者和所有者是企业，这种价值称为客户终身价值。

为统一这两个方向的价值衡量方式，本书用客户让渡价值来衡量企业为客户创造的价值，用客户终身价值来衡量客户为企业创造的价值。

1. 客户让渡价值理论

客户让渡价值（见图1-2），即客户总价值与客户总成本之间的差额。其中，客户总价值是指客户购买某一产品或服务所获得的全部利益，包括产品价值、服务价值、人员价值和形象价值；客户总成本是指客户为了购买某一产品或服务而付出的一系列成本，包括货币成本、时间成本和精力成本。

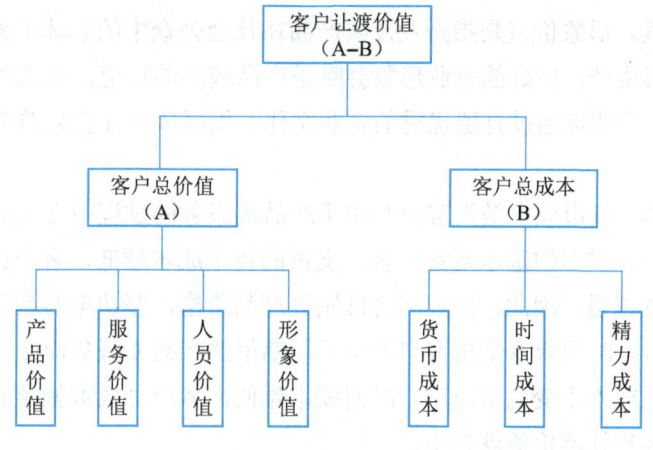

图1-2　客户让渡价值

客户在购买产品或服务时，通常希望把成本降到最低，同时又希望从购买的产品或服务中获得更多的实际利益，以使自己的需求得到最大限度的满足。因此，客户往往会选择客户总价值最高且客户总成本最低的产品或服务，即将"客户让渡价值"最大的产品或服务作为优先选购的对象。

实现客户让渡价值的增值，是企业建立高质量客户关系的基础。因此，企业在努力提高客户总价值的同时，应想办法降低客户总成本。具体来说，企业可以从以下几个方面入手。

（1）产品价值。产品价值是指在客户购买和使用产品的过程中，由产品的功能、特性、品质等所产生的价值。产品价值是客户需求的核心内容，也是决定客户总价值的关键因素。因此，企业应树立"质量是企业的生命线"的理念，并且不断创新，努力提高产品价值。

 知识贴士

企业在分析产品价值时应注意以下两点。

第一，在经济发展的不同阶段，客户对产品的需求不同，构成产品价值的要素及各种要素的相对重要程度也会有所不同。

第二，在经济发展的同一阶段，不同类型的客户对产品价值会有不同的要求，在购买行为上显示出极强的个性特点和明显的需求差异。

（2）服务价值。服务价值是指伴随产品的出售，企业向客户提供各种附加服务所能给客户带来的价值。企业应站在客户的角度，想客户所想，不断完善服务内容、提高服务水平、提升服务质量等，为客户提供全方位、全过程的服务，提高客户满意度，进而提升客户价值。

（3）人员价值。人员价值是指企业员工在与客户的交往或接触中，员工的知识水平、业务能力、工作效率等产生的价值。员工素质直接决定了其为客户提供产品或服务的质量及效率。因此，企业应高度重视对员工综合素质的培养，加强对员工日常工作的激励、监督和管理。

（4）形象价值。形象价值是指企业及其产品在社会公众中的总体形象所产生的价值。形象是企业的无形资产，良好的企业形象会赋予产品较高的价值，是推动客户重复购买的重要因素。因此，企业可通过打造优秀的企业文化、积极参与社会公益事业等途径树立良好的企业形象。

（5）货币成本。货币成本是指客户在购买产品或服务的过程中支付的货币资金等。货币成本是构成客户总成本的基本要素。客户支付的货币成本越低，客户让渡价值就越大，客户的购买意愿就越强。因此，企业应合理制订产品价格，坚决摒弃暴利行为。

（6）时间成本。时间成本是指客户为购买所期望的产品或服务而必须花费的时间。在客户总价值及其他成本不变的情况下，时间成本越低，客户总成本就越低，客户让渡价值就越大；反之，客户让渡价值就越小。

（7）精力成本。精力成本是指客户在购买产品或服务时，在精神、体力方面的消耗。在客户总价值及其他成本不变的情况下，精力成本越低，客户总成本就越低，客户让渡价值就越大；反之，客户让渡价值就越小。

2. 客户终身价值理论

客户终身价值是指企业在维系客户的前提下，剔除吸引客户、销售及服务的成本，并考虑资金的时间价值后，能够从客户那里获取的所有收益。对企业而言，客户终身价值在客户选择、客户细分、客户资源分配等方面具有重要的指导作用。

指标综合评价法是目前应用比较广泛的一种客户终身价值预测方法。指标综合评价法将客户终身价值分为两个部分：一部分是客户当前价值，另一部分是客户潜在价值。其中，客户当前价值反映企业当前的盈利水平，是企业获得客户终身价值的一个重要方面；而客户潜在价值影响企业的长远利润，是企业是否同客户维持关系的重要决定因素。客户终身价值指标综合评价体系如图 1-3 所示。

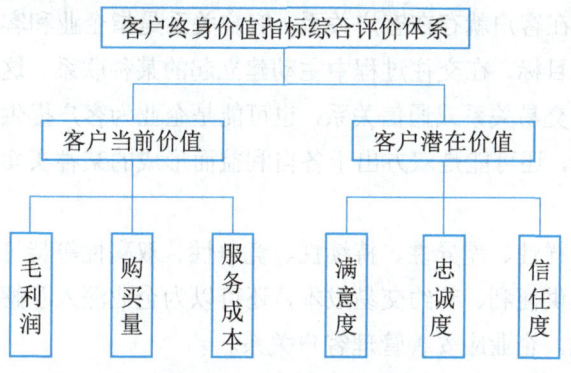

图 1-3　客户终身价值指标综合评价体系

客户当前价值可以用毛利润、购买量、服务成本等指标进行分析。其中，毛利润是客户实际支付的价格减去企业平均生产成本，该指标反映了客户实际支付价格的高低；购买量是客户购买产品的累计数量，该指标间接反映了不同客户所分摊的生产成本的差异；服务成本是企业服务该客户的成本投入，该指标反映了企业对不同客户在服务投入上的差异。

客户潜在价值可以用满意度、忠诚度、信任度等指标进行分析。研究发现，客户潜在价值常与客户满意度、忠诚度和信任度的变化发生同方向变动。如果该客户当前的满意度、忠诚度和信任度较高，客户潜在价值就会有上升趋势；反之，客户潜在价值就会有下降趋势。

管理视野

客户让渡价值与客户终身价值的关系

客户让渡价值与客户终身价值既有区别又有联系，两者的关系具体如下。

一、客户让渡价值与客户终身价值的区别

客户让渡价值与客户终身价值的区别表现在价值传递方向、提供者和受益者等

三个方面。客户让渡价值是客户从企业提供的产品或服务中获得的，其大小是由客户对产品或服务价值的认知程度和客户对产品或服务进行类比后决定的。而客户终身价值是企业在为客户提供让渡价值的基础上，努力与客户保持稳定的关系，从而在客户的多次消费中获得的收益。

二、客户让渡价值与客户终身价值的联系

客户让渡价值与客户终身价值是一个价值创造过程的两种结果。企业与客户既是价值的创造者又是价值的受益者，缺少任何一方，这个价值创造过程都不成立。客户让渡价值的提供是实现客户终身价值的前提，即企业为客户创造的价值越多，客户满意度就越高，客户忠诚度也就越高，这样客户就可以为企业提供更多的价值。

二、客户关系

对企业而言，存在客户就存在客户关系。客户关系是指企业和客户为达到各自的利益目标，在交往过程中主动建立起的某种联系。这种联系可能是单纯的交易关系或通信关系，也可能是企业为客户提供的一种特殊接触机会，还可能是双方出于各自利益而形成的某种买卖合同或联盟关系。

客户关系

客户关系具有多样性、差异性、持续性、竞争性、双赢性等特征。良好的客户关系不仅可以为企业交易提供便利、节约交易成本，还可以为企业深入了解客户需求或双方交流信息提供机会。因此，企业应妥善管理客户关系。

（一）客户关系的要素

客户关系的要素主要包括客户关系广度、客户关系长度和客户关系深度。

1. 客户关系广度

客户关系广度是指企业拥有客户的数量，既包括获取新客户的数量，又包括维持老客户的数量，还包括挽回的流失客户的数量。拥有相当数量的客户是企业生存与发展的基础，因此企业需要不断拓宽客户关系广度。也就是说，企业不仅需要不断挖掘潜在客户，赢取新客户，还需要努力维系老客户，避免或减少客户流失。

2. 客户关系长度

客户关系长度是指企业与客户维持关系的时间长短，通常以客户关系生命周期来表示。企业要延长客户关系长度，可通过培养客户忠诚度、挽留有价值客户、减少客户流失、放弃不具有潜在价值的客户等手段来实现。

3. 客户关系深度

客户关系深度是指企业与客户关系的质量，即双方关系的牢固程度。客户关系深度主

要体现在客户为企业创造的价值上，包括购买价值、口碑价值、信息价值和交易价值等。

 知识贴士 ☞

口碑价值是指客户向他人推荐和宣传企业的产品或服务所创造的价值。口碑价值的大小与客户自身的影响力、影响范围、影响人群有关。客户的影响力越大，口碑价值也就越大。另外，客户口碑的传播范围越广，受影响人群的购买价值就越大，口碑价值也就越大。

当然，客户的影响力有正负之分。正影响力有助于企业树立良好的形象，为企业增加新客户；而负影响力往往来源于客户的抱怨，它会把企业的潜在客户推向竞争对手。

（二）客户关系的类型

市场营销大师菲利普·科特勒区分了企业与客户之间的五种不同程度的关系水平，如表 1-1 所示。

表 1-1　企业与客户之间的五种关系水平

关系类型	关系状态
基本型	企业在售出产品或服务后就不再与客户接触
被动型	企业在售出产品或服务后，鼓励客户在遇到问题或有建议时主动联系企业
责任型	企业在售出产品或服务后，主动联系客户，询问产品或服务是否符合客户需求；同时征求客户的改进建议，以帮助企业不断改进产品或服务，使之更符合客户需求
能动型	企业在售出产品或服务后，不断联系客户，收集改进建议并向客户发布新产品或服务的信息
伙伴型	企业在售出产品或服务后，与客户共同努力，实现共同发展

需要指出的是，这五种关系水平并不是简单地按照优劣顺序排列的。菲利普·科特勒提出，企业可以根据其客户的数量及产品或服务的边际利润水平，选择合适的客户关系类型，如图 1-4 所示。

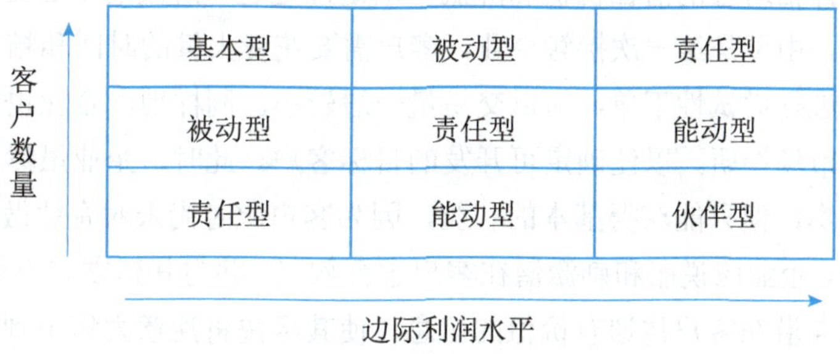

客户数量	基本型	被动型	责任型
	被动型	责任型	能动型
	责任型	能动型	伙伴型

边际利润水平

图 1-4　企业选择客户关系的类型

当面对少量客户，且企业产品或服务的边际利润水平相当高时，企业应建立伙伴型客户关系，力争在帮助客户的同时，也使自己获得丰厚的回报；当面对大量客户，且企业产品或服务的边际利润水平很低时，企业应建立基本型客户关系，避免较高的售后服务成本导致亏损。

总之，企业的客户关系类型并不是一成不变的。企业在具体的经营管理实践中要建立何种类型的客户关系，必须针对其产品或服务的特性和客户的定位来做出抉择。与此同时，企业在对待不同客户时所建立的客户关系类型也可能不同。例如，一家生产化妆品的企业针对个体客户，通常会选择建立被动型客户关系，即企业设立客户服务机构听取客户的建议并处理客户投诉，以改进产品；但针对大型超市，通常会选择建立伙伴型客户关系，以实现互惠互利。

典型案例

客户的成功就是企业的成功

2019 年 3 月，W 电梯公司 40 周年庆典隆重举行。作为 W 电梯公司的重要合作伙伴，T 公司应邀出席并获得 90 分钟的发言时间，用来介绍 T 公司产品。

为什么 W 电梯公司愿意给 T 公司 90 分钟的发言时间呢？因为 T 公司作为一家拥有上百年历史的全球电梯行业企业的合作伙伴，非常愿意帮助客户获得成功。T 公司始终坚信"客户的成功就是我们的成功"，愿意为客户提供强有力的支持，帮助客户取得竞争优势，从而同客户一起获得成功。

（三）客户关系生命周期

客户关系生命周期是指从企业与客户建立关系到完全终止关系的全过程，是客户关系水平随时间变化的发展轨迹，它动态地描述了客户关系在不同阶段的总体特征。我国学者陈明亮将客户关系生命周期划分为考察期、形成期、稳定期和退化期四个阶段。

1. 考察期

考察期是客户关系的孕育阶段。企业与客户缺乏相互了解、关系存在不确定性是考察期的基本特征，评估对方的潜在价值和降低不确定性是这一阶段的中心目标。

在这一阶段，由于是第一次接触企业，客户需要花费大量的时间和精力来搜集信息并做出决策，然后进行尝试性下单，所以交易量一般较小。同样地，企业也需要花费大量的人力、物力进行市场调研，以便确定可开发的目标客户。此时，企业虽然为建立客户关系投入了较大的成本，但只能获得基本的利益，因为客户此时尚未对企业做出大的贡献。

在这一阶段，企业应说服和刺激潜在客户进行购买，并与其建立客户关系。具体来说，企业应想方设法向潜在客户传递有价值的信息，使其尽快将注意力集中到本企业，并且相信本企业的产品或服务是满足其需求的最佳选择。此外，企业也可以向潜在客户承诺本企业产品或服务的质量，为客户提供除产品之外的免费服务等非物质利益，从而获得潜在客户的信任。例如，某电器公司开展"十年无条件包修"活动，凭借丰富的产品、卓越的品质、专业的服务和完善的售后保障体系，快速抢占了市场先机。

2. 形成期

形成期是客户关系的发展阶段。企业与客户能进入这一阶段，表明在考察期内双方相互满意，并建立了一定的相互信任和相互依赖关系。在这一阶段，双方从关系中获得的回报日趋增多，相互依赖的范围和深度日益增加，也逐渐认识到对方有能力提供令自己满意的价值，并且能履行其在关系中担负的职责。因此，双方愿意建立一种长期关系。

在这一阶段，随着双方了解和信任的程度不断加深，客户关系日趋成熟，双方的风险承受意愿也与日俱增。企业在此阶段的投入与考察期的投入相比要小得多，其主要是发展投入，目的是进一步加深与客户的关系，提高客户的满意度和忠诚度，从而进一步扩大交易量。此时，企业从客户交易中获得的收入已经大于投入，开始盈利。

但由于双方关系刚刚建立，比较脆弱，存在一定的不稳定性，因此，企业应建立和完善客户档案信息，通过恰当的方式与客户保持沟通，了解客户的真实需求和感受，并尽可能地帮助客户熟悉企业的产品或服务，帮助他们处理在使用产品或服务过程中出现的问题，进而提高客户满意度，从而获取客户信赖。此外，企业还应甄别客户关系类别——短期或长期关系，并对客户进行筛选和过滤，以发掘有价值的客户。

3. 稳定期

稳定期是客户关系发展的最高阶段。在这一阶段，双方的相互依赖水平达到了整个客户关系发展过程中的最高水平，双方关系处于一种相对稳定的状态。此时，客户的需求稳定，对价格的敏感度低，与企业的交易量大。同时，客户对企业的产品或服务有信心，愿意向亲朋好友推荐企业的产品或服务，为企业宣传良好的口碑。在这一阶段，虽然企业的投入较少，但其盈利水平有所提高。

在稳定期，企业客户关系管理的任务是将客户关系保持在一个较高的水平，并且延续尽可能长的时间。例如，借助合适的客户接触渠道和客户进行沟通，传递企业的价值观，建立双方信息共享机制和深度合作平台，提高客户的参与程度；构建客户学习渠道，使客户感受到和企业保持现有关系所带来的附加价值，激励客户主动忠诚，同时提高客户的转移成本，促使客户被动忠诚。

4. 退化期

退化期是客户关系发展过程中的逆转阶段。在这一阶段，客户的购买水平下降，这种下降既可能是骤然发生的，也可能是缓慢出现的。客户关系退化的原因有很多，如客户对企业的产品或服务不满、客户需求出现变化等。

客户关系的退化并不总是处在稳定期之后的第四阶段，事实上，在任何一个阶段客户关系都有可能退化。如果客户关系没有存在的必要，企业应采取客户关系终止策略；如果

客户关系仍然有存在的必要，企业应采取客户关系恢复策略。采取客户关系恢复策略时，企业要注意倾听客户的心声，了解客户的真实需求，分析客户流失的原因，制订重建客户信任的关系恢复计划，并付诸行动。

典型案例

福田汽车公司——以客户为本

北汽福田汽车股份有限公司（以下简称"福田汽车公司"）成立于1996年，是中国品种较全、规模较大的商用车企业之一。2021年，福田汽车公司总销量突破1 000万辆，成为中国汽车工业史上第一个销量突破千万辆的商用车企业。"福田汽车公司始终秉持以客户为中心的理念，从成立之初到现在从未改变。"公司负责人表示。

在客户购车环节中，福田汽车公司借助数字化手段推进智慧门店、终端数字体验区等的建设与升级，为客户提供良好的购车体验。同时，福田汽车公司优化相关业务流程，提升订单交付质量及交付效率，使订单交付周期缩短至30天以内。

在后市场服务（汽车销售以后，围绕汽车使用过程中出现的问题的各种服务）中，福田汽车公司不断创新后市场商业模式，与客户深度交互，实现客户全周期、全触点服务。围绕客户"养车、管车、用车、换车"的全生命周期服务需求，福田汽车公司继续升级"卡友福""卡友配""车联网""会员""运营金融""二手车"六大业务体系，实现由"客户服务"向"全生命周期客户经营"转型。

（资料来源：《客户为本 科技为王 福田汽车从"新"出发引领营销变革》，
中国质量新闻网，2021年12月27日，有改动）

任务二　认识客户关系管理

任务导入　海底捞的客户关系管理

在客户关系管理交流会上，大家在明确了客户及客户关系的相关概念，学习了客户及客户关系的相关理论后，便将话题转到了客户关系管理上。这时，餐饮企业负责人罗经理说："如今，继产品经济和服务经济之后，体验经济时代已经来临。在体验经济时代，良好的客户体验是企业客户关系管理的制胜法宝。这一点，海底捞不仅做到了，还做得很好。"

"海底捞是一家以经营川味火锅为主的餐饮企业。多年来，通过不断提升客户关系管理水平，海底捞成功打造了餐饮行业'五星级服务'的典范。从拎包、送点心，到美甲、递毛巾，再到哄娃、看宠物……只有你想不到的，没有海底捞做不到的。

因此，越来越多的客户心甘情愿地为海底捞免费打广告、做宣传。"罗经理接着说，"也许，我们可以从海底捞身上，学习如何超出客户期望，洞察并创造客户需求，赢得口碑。"

请思考： 海底捞客户关系管理的成功之处在哪里？

随着互联网的迅猛发展，世界经济进入了以信息化为主要特征的电子商务时代。市场不断成熟，产品和服务的差异越来越小，"以生产为中心，以销售为目的"的市场战略逐渐被"以客户为中心，以服务为目的"的市场战略所取代。谁能把握客户需求，更好地为客户服务，加强与客户的关系，有效挖掘和管理客户资源，谁就能获得市场优势，从而在激烈的竞争中立于不败之地。因此，以客户为中心的客户关系管理（customer relationship management，CRM）成为电子商务时代企业制胜的关键。

一、客户关系管理的产生与发展

客户关系管理的产生与发展得益于时代进步和营销理论创新的完美结合。总的来说，推动客户关系管理产生与发展的重要动力因素包括以下三个方面。

（一）市场竞争促使客户关系管理产生

企业要想在日益激烈的市场竞争中生存与发展，就需要不断寻求自身的竞争优势。最初的市场竞争着重于生产效率的提高、新产品的研发，企业试图通过提供质优价廉的产品在市场竞争中取胜。而后，企业又试图通过提供完善而周到的售后服务在市场竞争中占据一席之地。但是，由于技术创新的速度加快，新产品的生命周期越来越短，并且售后服务又很容易被竞争对手模仿，所以企业仅将质优价廉的产品或者完善的售后服务作为制胜筹码几乎是不可能的。

当今，企业管理面临的外部环境已不同于以往，在"3C"——change（变化）、customer（客户）和 competition（竞争）要素上变化明显。要想在激烈的竞争中生存，企业必须建立与保持自己独有的核心竞争力。而在企业众多资源中，客户资源是企业之间争夺的焦点。因此，企业越来越意识到客户是其在市场竞争中的重要砝码。同时，对客户关系进行有效管理成为企业的一种现实而迫切的需求。

总之，客户关系管理不仅是企业提升核心竞争力的重要渠道，还是企业拓展市场、提高经济效益的有效手段。

（二）客户消费观念推动客户关系管理的发展

客户所处的社会发展阶段及其收入水平的不断提升，使之经历了从注重物质追求到注重

精神享受的变迁。客户的消费观念也随之经历了理性消费、感知消费和精神消费三个阶段。

1. 理性消费阶段

在理性消费阶段，社会生产力欠发达，社会物质尚不充裕和丰富，人们的收入水平不高，生活水平也比较低。这一阶段，由于人们手中没有多余的资金，其消费行为大多是理智的。在选择产品或服务时，人们不仅关注价格，还看重质量，追求的是物美价廉。

2. 感知消费阶段

在感知消费阶段，社会生产力有了很大提高，社会物质开始变得丰富。随着收入的增加，人们不再仅仅注重产品或服务的价格和质量，而开始注重产品或服务的形象与品牌，其选择产品或服务的标准也发生了改变，由以前的物美价廉转变为称心如意。

3. 精神消费阶段

在精神消费阶段，随着科技的飞速发展和社会的不断进步，人们的生活水平大大提高，消费观念也悄然发生着变化。人们对产品或服务的需求不仅跳出了价格与质量的层次，也超出了形象与品牌的局限。这一阶段，人们越来越重视精神上的享受和满足，选择产品或服务的标准由称心如意转变为内心愉悦。

由上述内容可知，随着客户消费观念的转变，企业仅仅依靠产品或服务本身已无法令客户满意。只有注重客户关系管理，加强与客户之间的情感沟通，企业才能实现客户满意，进而提高客户忠诚度。

（三）营销理论创新加速客户关系管理的发展

随着市场竞争的加剧和客户消费观念的变迁，市场营销理论的发展也经历了从"4P"理论到"4C"理论，再到"4R"理论的创新过程。

1. "4P"理论

"4P"，即 product（产品）、price（价格）、place（渠道）、promotion（促销）。"4P"理论强调企业为了占领目标市场，满足客户需求，必须对其可控因素（即"4P"）进行有效整合。但是，"4P"理论适用的先决条件是巨大的市场、标准化的产品。20世纪90年代以来，随着社会经济的发展和收入水平的提高，人们的消费观念和购买行为发生了极大的变化，对产品的需求也日趋个性化。因此，"4P"理论已无法指导企业的营销实践。在这种形势下，"4C"理论应运而生。

2. "4C"理论

"4C"，即 customer（客户）、cost（成本）、communication（沟通）、convenience（便利性）。"4C"理论强调企业将客户需求贯穿于整个交易过程中，以满足客户需求为中心，考虑客户的购买成本，尽可能为客户提供优质服务，并与其建立互动式沟通。"4C"理论始终将客户放在企业经营的主导位置，让客户来进行交易决策。但是，"4C"理论没有体现出企业与客户保持长期关系的营销思想，即企业并没有主动满足客户需求，而是被动接受客户需求。

3."4R"理论

"4R",即 relevancy（关联）、response（反应）、relation（关系）、return（回报）。"4R"理论强调企业应将营销活动提高到宏观的社会层面上来考虑，因为企业是整个社会大系统中不可分割的一部分。"4R"理论提出企业与客户之间应保持一种互相依存、互相支持、互惠互利的关系，企业利润的获得只是结果而不是目的，企业的营销活动应该以人们生活水平的提高、整个社会的发展和进步为目的。因此，"4R"理论提出企业应与客户建立、巩固和发展长期的合作关系，其强调关系管理而不是市场交易。

总的来说，"4P"理论站在企业的角度，考虑如何在整合企业资源的基础上满足市场需求；"4C"理论认为企业在市场竞争不断加剧的形势下，为了生存而不得不满足客户需求；"4R"理论认为企业应认识到客户导向的重要性，意识到客户忠诚才是企业的制胜法宝。因此，营销理论发展的过程实际上就是客户导向不断增强的过程，这些理论在社会发展的不同阶段为企业进行客户关系管理提供了指导。

二、客户关系管理的内涵与重要性

（一）客户关系管理的内涵

客户关系管理是企业以客户为中心，通过提高客户服务水平，提升客户的满意度与忠诚度，进而提高企业盈利能力的一种管理理念；也是企业通过开展系统化的理论研究，优化企业组织体系和业务流程，旨在改善企业与客户之间关系的一种新型管理机制；还是企业通过技术投资，收集、跟踪和分析客户信息的一种管理技术。

客户关系管理

1. 客户关系管理是一种管理理念

作为一种管理理念，客户关系管理吸收了"数据库营销""关系营销""一对一营销"等最新营销理论的精华，其核心思想是将客户视为企业最重要的资产。客户关系管理奉行"以客户为中心"的指导思想，满足客户的个性化需求，特别是满足最有价值客户的个性化需求，以此来建立和保持长期稳定的客户关系。客户与企业之间的每一次交易都使得这种关系更加稳固，从而使企业在与客户的长期交往中获得更多的利润。

2. 客户关系管理是一种管理机制

客户关系管理机制主要集中在市场营销、销售实现、客户服务、决策分析等企业与客户发生关系的领域。它一方面通过企业对业务流程的全面管理来优化资源配置，降低企业成本，缩短销售周期；另一方面通过提供更加快捷、周到和优质的服务来吸引和保持更多的客户，以增加企业市场份额。例如，银行把低利润的业务导向低成本的流程——自动柜员机（ATM），把高利润的业务导向高服务质量的流程——柜台服务。

3. 客户关系管理是一种管理技术

客户关系管理是一种专门的管理技术，其集合了多种现代科技发展成果，包括电子商务、多媒体技术、数据仓库（以收入、客户等为主题的、集成的、随时间不断变化的数据集合）、数据挖掘、专家系统、人工智能、呼叫中心等。客户关系管理将当今先进的信息化技术与企业经营管理模式、营销理论紧密地结合起来，为企业的销售、客户服务及营销决策提供了一个集成化的解决方案，为企业经营活动的开展提供了支持和保障。

（二）客户关系管理的重要性

1. 获得成本优势

一方面，良好的客户关系可以使客户主动为企业宣传，形成口碑效应，从而在吸引新客户的同时降低企业开发新客户的成本；另一方面，良好的客户关系还可以使企业与客户之间产生信任并形成合作关系，进而使原本需要逐次逐项谈判的交易发展为程序化交易，从而大大降低交易成本。

2. 实现利润最大化

企业以客户关系管理理念为指导，将"以客户为中心"的理念融入企业经营管理的全过程，并对相关业务流程进行优化，为客户提供及时、周到、满意的服务，进而实现客户服务最优化、客户价值最大化，从而实现企业利润最大化。

3. 降低经营风险

现如今，市场竞争的不确定性增加，客户需求呈现多元化发展趋势，导致企业的经营环境越发不稳定。传统的"以产品为中心"的经营理念已经不合时宜，因为产品一旦开发失败，企业很可能遭受"灭顶之灾"。企业注重客户关系管理，真正做到"以客户为中心"，可以在一定程度上抵御市场冲击，降低经营风险。

4. 建立竞争优势

客户资源作为企业的一项无形资产，是影响企业经营管理的要素之一。一旦企业与客户建立了持久稳定的关系，且这种关系不易受竞争对手的影响，那么其所带来的客户资源就会成为企业的竞争优势。

典型案例

联想集团成功的关键

联想集团是一家成立于中国，业务遍及全球 180 个市场的科技公司。联想集团聚焦全球化发展，树立了行业领先的多元企业文化和运营模式典范，服务全球超过 10 亿客户。

据了解，联想集团不仅注重产品的研发，更注重客户关系管理，努力和各行业客户建立深层次的合作关系，为客户提供"专家式"服务。例如，联想集团针对不同行业客户的特点，将一批精通相关领域业务的技术、市场、服务等部门的工作人员组成

小分队，专门负责为不同行业的客户提供完善的一揽子解决方案。

联想集团同客户结成的坚实的关系网是其成功的关键。这张关系网不仅给联想集团带来了丰厚的利润，更是联想集团成长为国际企业的基石。

三、客户关系管理的注意事项

企业在进行客户关系管理时，需要注意以下四点。

（一）以营销理论与信息技术为两翼

不论时代怎么发展、科技如何进步，客户关系管理都始终以营销理论为指导。同时，客户关系管理还应该以信息技术为支撑，充分利用数据仓库、数据挖掘、人工智能、应用集成等现代技术手段，不断改进和优化与客户相关的全部业务流程，实现企业业务电子化、自动化运营。

（二）主动地、有选择地建立客户关系

企业建立客户关系的目的是激发潜在客户与目标客户产生购买欲望并付诸行动，促使他们尽快成为企业的现实客户。因此，企业除了应积极主动地建立客户关系，还应在建立客户关系前有所选择，避免盲目地建立客户关系，以降低客户关系建立和维护的难度。

（三）积极维护客户关系

建立客户关系之后，企业应维护好客户关系。维护客户关系是企业努力巩固并进一步发展与客户长期、稳定关系的动态过程。维护客户关系的目标是培养忠诚的客户，特别是培养忠诚的优质客户，避免其流失。

（四）及时挽回客户关系

在客户关系的建立和维护阶段，客户关系随时都有可能发生破裂。如果企业没有及时挽回客户关系，就可能造成客户的永久流失。因此，企业应及时采取有效措施，挽回客户关系，使客户重新购买企业的产品或服务，继续为企业创造价值。

知识试练

一、不定项选择题

1．根据客户状态划分，客户包括（　　　）。
    A．潜在客户   B．终端客户
    C．内部客户   D．中间客户

2．处于（　　　）消费阶段的客户不仅关注价格，还看重质量，追求的是物美价廉。
    A．理性   B．感知   C．精神   D．非理性

3．（　　　）理论提出企业应与客户建立、巩固和发展长期的合作关系，其强调关系管理而不是市场交易。
    A．"4P"   B．"4C"   C．"4R"   D．"3C"

4．下列各项中，对客户关系管理的内涵理解正确的有（　　　）。
    A．客户关系管理是一种管理理念
    B．客户关系管理是一种管理机制
    C．客户关系管理是企业发展的阻力
    D．客户关系管理是一种管理技术

5．客户关系的产生与发展源于（　　　）。
    A．市场竞争的加剧   B．客户消费观念的转变
    C．营销理论的创新   D．人际关系的和谐

二、判断题（正确的打"√"，错误的打"×"）

1．潜在客户是指对企业的产品或服务存在需求和购买动机的群体。　　　　（　　）
2．灯塔型客户只有在产品或服务的价格有明显优势时才会选择购买。　　　（　　）
3．客户让渡价值是指客户为企业创造的价值。　　　　　　　　　　　　　（　　）
4．企业建立的客户关系类型是一成不变的。　　　　　　　　　　　　　　（　　）
5．客户关系生命周期可划分为考察期、形成期、稳定期和退化期四个阶段。（　　）

三、简答题

1．什么是客户？
2．什么是客户关系？
3．客户关系管理的内涵是什么？

四、案例分析题

L 汽车公司：为客户提供独特的品牌体验

现如今，客户对于新型技术产品和数字化服务的要求不断提高。为了满足客户与日俱增的线上服务需求，展现对客户的最大尊重和诚意，2020 年开始，L 汽车公司实施了建立一站式电商平台、全面升级 App 等一系列数字化创新举措，主要表现在以下几个方面。

一、刷新享购，全程无忧

在新冠疫情期间，L 汽车公司成为率先开通数字化购车之旅的企业。L 汽车公司打造的全新数字化购车旅程，涵盖看车、试驾、购车和交车等全过程，使客户轻松享受线上赏车、安心上门试驾、远程合同签署等创新服务，足不出户，购车无忧。

具体来说，L 汽车公司打造的数字化平台涵盖全系车型信息，方便客户线上查询。同时，L 汽车公司开通了直播间，在固定时间段开设直播，为客户实时讲解产品，并及时解答客户提出的问题。除线上赏车、线上看车之外，L 汽车公司还可为客户定制个性化的上门试乘、试驾服务，满足客户的个性化需求。试驾之后，L 汽车公司支持客户线上购车，通过远程在线签约、远程支付等多种便捷方式帮助客户完成购车流程。

二、豪华之道，尽在"掌"握

L 汽车公司建立的电商平台除了具备让客户体验 360°了解新车亮点、一键配置心仪车型、试算月供、预约试驾等便捷功能，还能帮助客户快速找到附近的经销商，使其通过经销商了解各种促销信息及特色服务。此外，L 汽车公司建立的电商平台运用多种方式为客户提供与众不同的沉浸式数字化体验，包括管家式礼遇、水幕墙开屏、电子历史墙、特饮预约等。

三、她之道，倾心而至

业界领先的女性车主生活平台"她之道"也是 L 汽车公司数字化体验的重要组成部分。"她之道"致力于为女性车主带来舒心的用车服务、专属的生活服务和一站式的用车体验。在 L 汽车公司微信服务号的"她之道"专区或"她之道"小程序上，女性车主可以随时随地与客服人员进行实时对话，迅速获得用车问题的最佳解决方案。全新呈现的"掌上车书"，运用图形识别技术，帮助车主快速了解车内各种功能按钮、提示灯、故障灯的含义，为车主倾心打造专属便捷的驾乘之旅。

L 汽车公司摒弃传统的"千人一面"的服务理念，以客户为中心，为客户提供专属的个性化服务。未来，在数字化的加持下，L 汽车公司将不断升级服务内容，为客户展现"豪华，自有其道"的高品质服务。

（资料来源：《林肯之道　为客户提供独特的品牌体验》，《消费日报》2021 年 7 月 30 日）

结合所学知识回答以下问题：

L 汽车公司在哪些方面体现了"以客户为中心"？

笃行致远

客户关系管理理论知识分享

〔实践描述〕

假设你作为学生代表参加了本次客户关系管理交流会，相信你从中学到了不少有关客户关系管理的理论知识。现在请你整理一份学习资料，然后向同学们分享你的所见、所学、所想，以帮助大家共同进步。

〔实践目的〕

加强学生对客户关系管理理论的认知。

〔实践过程〕

将具体的实践步骤及相关情况记录在表 1-2 中。

表 1-2　实践步骤记录表

遇到的问题、解决方法、心得感悟等	实践步骤
	1. 明确知识分享的目标 例如，使同学们了解客户关系管理的产生与发展
	2. 梳理重点与难点 （1）重点 （2）难点

（续表）

遇到的问题、解决方法、心得感悟等	实践步骤
	3．整理知识内容 （1）客户 （2）客户关系 （3）客户关系管理
	4．制作知识分享文件（如 PPT 等），文件的命名方式为"姓名—学号—客户关系管理理论知识分享"
	5．构思知识分享形式，如结合具体案例、"你问我答"等
	6．以班级为单位，每位学生在班级内轮流进行知识分享，然后全班学生展开讨论交流

〔**实践考核**〕

每位学生提交知识分享文件，并配合指导教师填写考核评价表（见表 1-3）。

表 1-3　考核评价表

项目名称	评价内容	分值	评价分数		
			自评	互评	师评
知识技能评价（30%）	对客户关系管理的基本理论知识理解正确	15			
	对客户关系管理工作有完整、系统的认知	15			
素养评价（30%）	积极实施任务	10			
	勤于思考，善于总结	10			
	态度认真，做事细致	10			
成果评价（40%）	知识分享形式新颖，有吸引力	20			
	语言规范，逻辑清晰	20			
合计		100			
总评	自评（20%）+互评（20%）+师评（60%）=		教师（签名）：		

明德博学

便捷快递，温暖服务

"过去，邮政提供什么，客户就用什么；现在，客户需要什么，邮政就提供什么。"山东省聊城市邮政分公司总经理介绍道，"聊城市邮政分公司因时而变，紧扣世界邮政日'创新驱动复苏'的主题，不负新时代，改革图强，勇于担当。"

近年来，聊城市邮政分公司不断激发内生动力，提升服务品质，深化寄递业务末端环节创新，优化合作方式，促进协同发展，用心破解行业难题，致力于满足客户需求，提升客户满意度，努力让邮政快递更便捷，让服务更贴心。

一、快递下乡进村，打通快递服务"最后一公里"

聊城市邮政分公司负责配送的乡村区域普遍存在客户居住分散、配套设施薄弱等问题，制约着末端环节快递服务效率的提升。鉴于此，聊城市邮政分公司进行了一系列改革。他们利用成熟的仓储管理方式、完善的配送网络及优质的服务优势，率先打破行业壁垒，在多个乡镇与社会快递企业达成"邮快合作"协议，打通快递服务"最后一公里"，破解了"不爱送、不好送、不愿送"这个制约快递下乡进村的难题。

二、提供特殊化包装，解决生鲜产品寄递难题

"极速鲜"是中国邮政打造的生鲜类特快专递产品，致力于为订购生鲜类产品的客户提供高品质、高时效的寄递服务。近年来，聊城市邮政分公司积极发挥线上销售和线下寄递优势，不断挖掘生鲜产品的服务需求潜力，在全市范围内的邮政网点开办生鲜产品寄递业务，让更多聊城特产走出去。

除了物流时限，通过电商外销生鲜产品面对的较大难题就是货损问题。针对这一问题，聊城市邮政分公司经过抛摔测试，制作了不同品类和规格的专用包装箱，确保生鲜产品的安全寄递，从而解决了生鲜产品在运输途中的货损难题。

此外，聊城市邮政分公司还使用带有"极速鲜"标识的快递面单，提供标准化包装指导和专职客户服务，在系统中单独设置业务种类等，确保生鲜产品安全寄递，极速送达，"鲜美"到家。

（资料来源：宋金秀，《聊城分公司：一切为了客户需求 让邮政快递更便捷、服务更温暖》，中国邮政山东省分公司官方网站，2021 年 10 月 9 日，有改动）

与时偕行

——客户关系管理技术支持

模块**导读**

客户关系管理离不开技术的支持。随着移动互联网、人工智能、区块链等技术的出现与发展，客户关系管理也开始升级并转化为新型客户关系管理。企业在进行客户关系管理时应结合自身发展实践，始终坚持以客户为中心，理性、客观地对待新技术及其所带来的变革。

本模块主要介绍了客户关系管理系统、呼叫中心的相关内容，以及数据挖掘、人工智能、区块链等新技术在企业客户关系管理中的应用。

素养 目标

（1）勤于动脑，能够举一反三。

（2）培养创新意识，用发展的眼光看问题。

知识 目标

（1）熟悉客户关系管理系统的特点、类型和功能。

（2）熟悉呼叫中心的特点、类型和功能。

（3）了解数据挖掘、人工智能、区块链等技术在客户关系管理中的应用。

技能 目标

（1）能够借助客户关系管理系统、呼叫中心进行客户关系管理。

（2）能够积极看待数据挖掘、人工智能等新技术。

C 任务导入 海尔集团组建客户关系管理系统

在客户关系管理交流会上，某企业高管王经理说："当企业的客户群体较大时，客户信息的收集、登记、更新、分析等工作仅仅依靠人工是很难完成的。因此，企业有必要建立客户关系管理系统来满足日益复杂的客户关系管理需要。"

"以海尔集团为例。20世纪90年代初，海尔集团在全国各地建立了电话中心，方便客户通过拨打电话预约上门服务。但电话中心存在话务处理能力有限、系统可靠性差、可维护性差等弊端，经常出现系统崩溃的现象，导致客户无法拨通电话。此外，电话中心与海尔售后服务系统没有统一标准，导致信息不能共享，严重影响了客户关系管理工作的开展。因此，海尔集团组织建立了客户关系管理系统。"王经理说。

王经理接着说："客户关系管理系统的建立和运行使海尔集团实现了分布式数据存储及数据共享。海尔集团的工作人员利用该系统，不仅可以随时随地查找客户信息和进行服务质量分析，还可以完成网上销售访问、交叉销售（配套销售多种相关服务或产品）等工作。客户关系管理系统满足了海尔集团复杂、庞大的信息处理需要，为海尔集团的管理者和决策者提供了丰富的统计报表，提高了海尔集团对市场的反应速度和适应能力。"

请思考：客户关系管理系统为海尔集团带来了哪些变化？

客户关系管理系统是以客户数据管理为核心，利用电子商务、智能管理、系统集成等多种现代信息技术，收集、管理、分析和利用客户信息的系统。

客户关系管理系统

一、客户关系管理系统的特点

在电子商务时代，如何利用基于互联网的销售和售后服务渠道进行实时的、个性化的营销，越来越成为企业关注的焦点。因此，一个完整的客户关系管理系统应当具有综合性、集成性、智能化、技术含量高等特点。

（一）综合性

完整的客户关系管理系统能满足大多数企业有关客户服务自动化、销售自动化和营销自动化的要求，不仅可以让企业拥有畅通、有效的客户交流平台，还可以让企业具备综合处理客户业务的基本能力，从而帮助企业实现由传统客户关系管理模式到基于互联网和电子商务应用的新型客户关系管理模式的转变。

（二）集成性

在电子商务背景下，客户关系管理系统要想有效发挥作用，必须与企业的后台系统（如企业资源计划、供应链管理、计算机集成制造、财务等系统）进行集成，进而改革企业的管理方式和业务流程，确保企业各部门、各系统的任务能够动态协调和无缝连接。例如，客户关系管理系统中的销售自动化功能，能够及时向企业资源计划系统传输产品数量、交货日期等信息，使得企业资源计划中的"订单与配置"功能发挥最大作用。

> **📝 知识贴士**
>
> 企业资源计划是企业以供应链管理与业务流程再造为基础，运用现代信息技术对企业的资源进行全面整合与优化配置，从而建立面向市场的高度集成、快速高效的管理体系的规划。企业资源计划系统是当代企业实施信息化战略的重要工具之一。

（三）智能化

客户关系管理系统可以获得并归纳大量的客户信息，然后借助数据仓库和数据挖掘技术对市场与客户需求展开完善的智能分析，从而为企业管理者提供参考信息，提高经营决策的有效性。此外，客户关系管理系统的商业智能分析有助于改善产品的定价方式、产品组合方式等，帮助企业提高市场占有率及发现新的市场机会。

（四）技术含量高

客户关系管理系统涉及种类繁多的信息技术，如数据仓库、数据挖掘、多媒体技术等，技术含量较高。例如，客户关系管理系统将呼叫中心、销售平台、远程销售、移动设备及基于互联网的电子商务站点等不同技术和不同规则的功能模块有机结合起来，以满足企业与客户进行全方位交流的需求。

典型案例

某银行信用卡中心的客户关系管理系统

客户关系管理系统的成功开发和运行，为某银行信用卡中心构筑了强大的核心竞争力，从而奠定了其走向成功的基础。

该信用卡中心每周都会接听百万次以上的客户电话。客户来电咨询的问题纷繁复杂，有咨询信用卡余额的，也有咨询利率水平的，等等。从电话被接入的那一刻开始，客户关系管理系统便开始工作了。通过信用卡中心的数据库，客户关系管理系统可以预测客户的来电原因。当电话转给相关工作人员后，客户关系管理系统会为工作人员提供来电客户的资料及回答相关问题的话术。当通话结束后，客户关系管理系统可以将通话信息的分析结果存储起来，作为客户资料的补充。

除以上工作外，该信用卡中心的客户关系管理系统还有更为重要的任务，即利用所获得的大量客户信息对信用卡中心的新产品(各种新型信用卡)进行智能化分析和测试。

对该信用卡中心来讲，客户关系管理系统从根本上改善了信用卡中心的管理方式和业务流程，为信用卡中心的快速发展奠定了基础。

二、客户关系管理系统的类型

根据系统功能的不同，客户关系管理系统可分为操作型客户关系管理系统、分析型客户关系管理系统、协作型客户关系管理系统三类。

（一）操作型客户关系管理系统

操作型客户关系管理系统，又称"前台客户关系管理系统"。它在收集客户信息、市场活动信息和客户服务信息的基础上，将企业的前台交互系统和后台订单系统无缝连接，并同步客户交互活动，使企业各部门业务人员在工作中共享客户资源，从而作为一个统一的信息平台，为客户提供高质量的服务。

操作型客户关系管理系统接入营销、销售、客户服务等前台工作，实现了销售活动、营销活动、服务活动的一体化、规范化和流程化。操作型客户关系管理系统的功能包括销售信息管理、销售信息分析、销售过程定制、销售过程监控、销售预测功能、营销活动的环境分析、营销效果评估、跟踪客户服务请求、处理客户投诉等。

知识贴士

操作型客户关系管理系统主要帮助企业进行流程控制，适合制造业、零售业企业。另外，由于保险业企业的客户数据多且分散，客户数据的共享成为关键，所以保险业企业也适合选用操作型客户关系管理系统。

（二）分析型客户关系管理系统

分析型客户关系管理系统，又称"后台客户关系管理系统"。它主要利用数据挖掘等技术从大量交易数据中提取各种有价值的信息，为企业的经营决策提供可量化的信息、可靠的依据，从而提高企业经营决策的有效性和成功率。

分析型客户关系管理系统主要围绕客户数据展开分析，即针对一定的业务主题，设计相应的数据仓库，如客户数据仓库、产品数据仓库、客户互动数据仓库，利用各种预测模型和数据挖掘技术对大量的交易数据进行分析，从而对将来的趋势做出预测，以及寻找某种商业规律以指导企业的营销活动。该系统适用于金融、电信、证券等行业的企业。

（三）协作型客户关系管理系统

协作型客户关系管理系统基于多媒体联络中心将多渠道的交流方式融为一体，建立统一的接入平台——交互中心，为企业和客户提供多种互动方式和渠道，从而提高企业与客户的沟通能力。

协作型客户关系管理系统具有呼叫中心服务、传真与信件服务、电子邮件服务、网上交流服务、访问客户服务等功能。其最大的特点就是能够提高客户的参与程度，主要表现在以下两个方面：一方面，协作型客户关系管理系统注重全方位地为客户提供交互服务，能够实现多种客户沟通渠道的相互融合；另一方面，协作型客户关系管理系统借助多元化、多渠道的沟通方式，提高客户关系管理的效率和服务质量。

三、客户关系管理系统的功能

客户关系管理系统可以帮助企业实现以客户为中心的管理模式，具体如下：一方面，通过记录、管理、分析企业与客户交易及交往的所有记录，辨别哪些客户是有价值的，以及这些客户的特征；另一方面，动态地跟踪客户需求、客户状态的变化，实现企业客户的自动化管理。由不同软件开发商提供的客户关系管理系统软件会有所区别，但其基本功能大致相同，主要包括接触客户功能、业务功能、技术功能、数据库功能等。

> **头脑风暴**
>
> XTools CRM 是一款专门为国内中小企业设计和开发的基于云计算技术的客户关系管理系统，体现了先进的管理理念，具有极强的易用性。客户不需要安装 XTools CRM 客户端，只需要在 XTools 官网注册，输入用户名、企业名和密码等信息，就可以直接在线使用。
>
> 打开 XTools CRM 的演示页面（网址为 http://www.xtcrm.com/demo/），查看 XTools CRM 具有哪些模块，这些模块各有什么功能。

（一）接触客户功能

客户关系管理系统支持企业采取各种各样的通信方式与客户进行接触，如呼叫中心、传真、电子邮件、网上交流等，不仅有利于企业采取更为方便、更为友好的方式随时与客户进行交流，还能保证企业向客户传递信息的及时性和一致性。

（二）业务功能

企业的营销部门、销售部门和服务部门与客户的接触和交流最为频繁。因此，客户关系管理系统的业务功能主要对这些部门的工作予以支持。

1. 营销自动化

营销自动化，又称"技术辅助式营销"，该功能主要是通过设计、执行和评估营销活动，如制订营销活动计划、编制营销活动预算表及整理营销活动资料等，赋予营销人员更多的工作手段及能力，使营销人员能够对营销活动加以计划、执行、监视和分析。营销自动化能够促使企业在选择营销渠道和媒体时合理分配资源，以达到利益最大化和实现客户关系最优化。

2. 销售自动化

销售自动化可以帮助销售人员实现销售活动的信息化和标准化，即帮助销售人员高质量地完成日程安排、进行有效的客户管理、实现销售预测、制作和提交销售建议书、制订定价与折扣策略、分配和管理销售地域，以及建立与完善报销制度等，能够极大地提高企业整体的销售业绩。

3. 服务自动化

客户关系管理系统依靠信息技术手段，根据客户的背景资料及可能需求，在特定的时机能够提示企业工作人员有效、快捷、准确地与客户进行交流与沟通，促使企业工作人员为客户提供更贴心的服务，进一步发展和维系与客户的关系。例如，当航班延误时，民航公司的工作人员可通过客户关系管理系统与客户取得联系，并为他们提供几种替代路线，方便客户做出选择。

典型案例 📖

M 公司实现规范化客户管理

M 公司是一家主要经营企业级商务直播平台的营销服务公司。客户管理一直是 M 公司管理的难点，自公司使用客户关系管理系统后，客户管理变得标准、高效，客户关系管理工作变得简单、快捷。

一、客户信息管理规范化

使用客户关系管理系统后，M 公司围绕精细化管理制订了一系列规范，实现了客户信息管理规范化。例如，制订系统中客户登记、信息录入、跟进进度等项目的填写要求，使得客户信息不再散落在各位员工填写的表格中，而是由公司进行统一管理。标准化的信息管理不仅减少了大量的人力、物力成本，还使客户信息得到了更充分的利用。

二、清晰展示客户跟进进度，不遗漏任何商机

客户关系管理系统支持客户跟进记录的时间轴展示和多维度筛选，可以让销售人员更容易锁定消费意向强烈的客户，不再遗漏商机。其中，"销售机会"模块清晰地展示了客户信息、交易概率、预计交易日期及预计交易金额，能够帮助企业预估业绩，改善企业以往制订计划无据可循的局面。

三、高效协同，提高客户转化率

在使用客户关系管理系统前，M公司需要先安排专人获取客户线索，再由销售人员跟进目标客户，与客户达成交易后则由售后客服跟进。整个过程的协同性较差，客户转化率很低。得益于客户关系管理系统强大的协同性，M公司能够将信息实时同步给不同的工作人员，大大提升了客户的转化率。

（资料来源：《有成CRM助力盟主直播实现规范化客户管理》，有成办公官方网站，2019年7月29日，有改动）

（三）技术功能

客户关系管理系统一般包含以下六项技术功能。

（1）对收集到的客户信息进行分析，为企业的经营决策提供支持。

（2）实现多种客户交流渠道（如呼叫中心、网上交流、电子邮件、传真等）的集成，为企业构建统一的信息平台。

（3）与移动互联网紧密结合，提供智能化客户关系管理方案，供企业相关人员参考。

（4）建设客户信息库，集中管理客户资源。

（5）对营销、销售、服务等部门的工作进行集成，便于企业统一管理。

（6）实现企业资源计划的一体化管理，包括从销售前端的计划提报、预报订单等到供应后端的仓储、物流发货等的整个流程。

头脑风暴

小张和小李均从事客户关系管理系统的销售工作。临近年底，两人在一起交流对客户关系管理系统市场的看法时，小张提到了一个明显变化："以前去企业销售客户关系管理系统时，跟客户讲的大多是客户关系管理系统的理念、作用等。有些客户即使没弄明白客户关系管理系统是怎么一回事，也会掏钱购买。而现在越来越多的客户想要了解客户关系管理系统的具体模块、功能、用法等，想知道客户关系管理系统能够帮助企业解决哪些具体问题。在选择客户关系管理系统的过程中，客户几乎一致要求提供用户案例，而且是同行业或者相近行业的用户案例。"

小张感慨地说道："总之，客户关系管理系统的销售工作越来越难做了。"小李却有不同的见解："是你需要调整销售模式了！只有客户的需求越来越成熟，才能真正促进整个客户关系管理系统市场更加成熟。"

小张与小李对客户关系管理系统市场有不同的看法，哪个说得有理？

（四）数据库功能

数据库管理是客户关系管理系统的重要组成部分，是企业各部门开展各项业务活动的基础。

数据库功能主要体现在以下几个方面：根据客户价值区分现有客户，帮助企业准确地找到目标客户群；帮助企业在合适的时机以合适的产品满足客户需求，同时降低成本，提高效率；帮助企业结合最新信息制订新策略，培养忠诚客户。

运用强大的数据库功能，企业可以与客户进行高效的双向沟通，与客户维持长久的关系，进而保持和提升企业短期和长期利润。

管理视野

客户关系管理系统的认识误区

客户关系管理系统的实施是一项复杂的工程，需要依据企业的长期发展战略，有计划、分阶段地稳步推进。然而实际上，大多数企业在选择和建设客户关系管理系统时，缺乏对自身业务和整体运营方式的深入了解，加之在系统实施过程中缺乏长期的发展战略指导，导致客户关系管理系统的实施效果达不到企业的期望。

目前，企业对客户关系管理系统的认识误区主要表现在以下几个方面。

（1）企业仅从信息技术的角度考虑客户关系管理系统，将大多数的资金投向基础设施建设及技术架构搭建方面，导致看起来很完美的客户关系管理系统并没有使企业获得预期的竞争优势。

（2）大多数企业受软件开发商或经销商的鼓动，盲目将期望寄托在他们提供的客户关系管理系统上，而没有将客户关系管理提升到企业战略的高度。事实上，优化企业与客户的互动模式，需要企业进行大量的战略调整，这绝不仅仅是一次技术实践那么简单。

（3）大部分客户关系管理系统的实施仅仅是安装系统、培训员工，并没有提供以客户为中心的咨询服务，从而造成系统运行之后仅仅能够实现信息数据输入，而不能有效地基于客户细分和客户价值定位进行客户消费行为的建模分析及营销的投资回报建模分析。

（4）一般情况下，软件开发商是基于企业的基本需求开发客户关系管理系统的，这就导致某些客户关系管理系统缺乏灵活性和可操作性。这种不适应企业自身特点的系统，会让系统的使用者产生抵触和敷衍心理。

（5）企业没有设置客户关系管理系统专职分析岗位和客户关系管理系统流程绩效考核指标，没有安排专人来推动、反馈并指导相关流程的优化，从而使客户关系管理系统的自动化闭环流程越来越堵塞，最终闲置成为"鸡肋"。

任务二　认识呼叫中心

任务导入　呼叫中心的应用

客户关系管理交流会上，在大家了解了客户关系管理系统的特点、类型和功能后，高校教师王老师说："在日常生活中，大家通过拨打电话就能购买所需的产品、享受所需的服务。例如，不知道如何使用新买的电脑，打个电话给品牌服务中心，问题就解决了；新买的电脑出了故障，打个电话就有人上门维修……之所以能够这样，是因为在一个个电话号码背后运行着一个应用了先进的通信技术、计算机技术及二者集成技术的服务系统，即呼叫中心。"

王老师接着介绍说："呼叫中心最早起源于美国。20世纪30年代初，美国的一些旅游公司、餐饮公司开通了电话服务热线。1937年，美国航空公司开通了电话服务热线，使客户可以通过拨打电话实现服务查询和机票预订。20世纪70年代，呼叫中心快速发展，主要应用于民航业、银行业和旅游业。现如今，呼叫中心已被广泛应用于市政，以及公安、交管、邮政、电信、银行、保险、证券、电力、物流等行业，极大地提高了这些行业的服务水平和运营效率。"

请思考： 呼叫中心为什么能够得到广泛应用？

呼叫中心是一种充分利用现代通信手段和计算机技术的现代化服务方式，也是一种能够促进企业开展营销、开拓市场并为客户提供友好的交互式服务的管理与服务系统。它作为企业面向客户的"前台"，面对的是客户，强调的是服务，注重的是管理。呼叫中心是企业理顺与客户之间的关系、加强客户资源管理和企业经营管理的渠道。

呼叫中心

一、呼叫中心的特点

（一）无地域限制

传统商业一般采用开店营业的模式，即客户必须到营业网点才能得到相应的服务。这一方面意味着企业在大规模扩张时需要耗费大量成本，另一方面意味着客户在选择企业的产品或服务时会受居住地的限制。而呼叫中心可以解决这两方面的问题，即企业不必到偏远地区开设营业网点，从而降低了成本；客户也不受居住地限制，能够享受应有的服务。

> **典型案例**
>
> ### "双奥之城"多语言呼叫中心
>
> 2022 年北京冬季奥林匹克运动会（以下简称"冬奥会"）盛大召开，共有 91 个国家和地区的代表团参加了此次体育盛会。对于促进不同语言文化背景的运动员、官员和赛事举办者的沟通与交流，语言服务发挥了重要的作用。除活跃在各场馆和奥运村的语言服务志愿者外，还有 96 名语言服务志愿者在位于北京外国语大学校园内的多语言呼叫中心值守，并提供 21 个语种的翻译服务。
>
> 据了解，多语言呼叫中心成立于 2008 年，是 2008 年北京奥运会的一项重要成果。自 2010 年以来，多语言呼叫中心提供 8 种外语的常规翻译服务，连续 4 300 多天不间断运行，为国家各项重大活动提供常态化服务。自冬奥会赛事服务启动以来，多语言呼叫中心的志愿者们 24 小时不间断值守，及时协助处理涉奥事务。其所提供的语言服务时长和翻译服务语种数均为历届冬奥会之最。
>
> （资料来源：曹颖，《北外团委书记谈冬奥会语言服务：随时随地做好准备》，
> 中国网，2022 年 2 月 16 日，有改动）

（二）无时间限制

在自助语音应答设备的帮助下，即使工作人员已经下班，呼叫中心也能为客户提供 24 小时全天候的服务，且无须额外开销。相比之下，普通的营业网点要做到这一点比较困难，而且会大大增加营业成本。

（三）个性化服务

呼叫中心可以为客户提供更好的且普通营业网点提供不了的服务。例如，客户来电时，呼叫中心可根据主叫号码提取相关信息并传送到工作人员的终端。工作人员在接听电话的同时可以了解与这位客户相关的信息，既简化了电话处理程序，又能为客户提供个性化服务。

（四）主动性服务

呼叫中心能事先了解客户的账号、历史消费记录等相关信息，以便工作人员主动为客户提供更有针对性的服务。例如，呼叫中心可提醒工作人员主动向客户群体发送促销信息，进行新产品宣传，从而有助于扩大企业市场占有率，树立企业品牌形象。

（五）便捷性服务

呼叫中心不仅可以实现"一号通"（即客户仅需拨打企业的一个号码便可得到相应的服务），为客户提供便利，还可以借助自动语音应答功能为客户提供 24 小时全天候服务。此外，呼叫中心还提供了丰富的交流渠道，允许客户在与工作人员联络时随意选择包括电子邮件、传真、短信、电话、即时通信工具等在内的任何通信方式。

二、呼叫中心的类型

根据不同的划分标准，呼叫中心可分为不同的类型。

（1）根据采用接入技术（即客户的拨入呼叫接入呼叫中心的服务系统的具体方法）的不同，呼叫中心可分为基于交换机的呼叫中心和基于计算机的呼叫中心。基于交换机的呼叫中心是由交换机设备将客户拨入的呼叫接入服务系统，并将其传送至后台工作人员进行处理；基于计算机的呼叫中心则是由计算机通过语音处理完成对客户拨入呼叫的处理。

📝 知识贴士

　　交换机的处理能力较强，性能稳定，但成本相对较高，适用于规模较大的呼叫中心。计算机的处理能力较弱，性能不太稳定，但成本低廉、设计灵活，适用于规模较小的呼叫中心。

（2）根据呼叫类型的不同，呼叫中心可分为呼入型呼叫中心、呼出型呼叫中心和呼入/呼出混合型呼叫中心（既能处理客户发出的呼叫，也支持企业发起呼叫）。

（3）根据功能的不同，呼叫中心可分为电话呼叫中心、网页呼叫中心、多媒体呼叫中心、视频呼叫中心、统一消息处理中心等。

呼叫中心系统的作用

（4）根据使用性质的不同，呼叫中心可分为自建自用型呼叫中心、外包服务型呼叫中心和应用服务商型呼叫中心。其中，自建自用型呼叫中心是指企业自行建立、自主经营、自主维护的呼叫中心；外包服务型呼叫中心是指企业将相关业务外包给第三方的呼叫中心；应用服务商型呼叫中心是指由应用服务商提供呼叫中心的设备和技术平台，由租用平台的企业招聘工作人员并进行日常运营管理的呼叫中心。

（5）根据分布地点的不同，呼叫中心可分为单址呼叫中心和多址呼叫中心。其中，多址呼叫中心是指拥有多个分布于不同地点甚至不同城市的子中心的呼叫中心。分布于不同地点的子中心之间的信息交互可以通过企业广域网技术或互联网技术实现。

管理视野

呼叫中心在我国的发展历程

呼叫中心在我国的发展历程大致可分为以下四个阶段。

第一阶段：出现基于交换机的人工热线电话系统，称为第一代呼叫中心。

第二阶段：出现交互式自动语音应答系统，称为第二代呼叫中心。第二代呼叫中心引入了数据库技术，主要应用于电信、邮政、金融、公共服务等行业，如最早的、最为人熟悉的 114 和 119 服务电话。

第三阶段：出现基于语音板卡的客服系统，称为第三代呼叫中心。随着计算机电话集成技术的发展，呼叫中心将通信技术与计算机技术相结合，大大提高了服务效率，拓展了服务范围。比较有代表性的有中国电信 10000 客服热线、中国移动 10086 热线、中国邮政 11185 热线、中国银行 95566 热线、消费者投诉热线 12315 等。

第四阶段：出现基于网络之间互连协议的系统，称为第四代呼叫中心。第四代呼叫中心引入了互联网技术，除具备传统呼叫中心的各项功能和以电话为主的接入方式外，还提供网页呼叫服务，支持客户从网页站点直接访问，将传统业务和新型增值业务完美融合在一起。第四代呼叫中心注重应用，能够更好地适应企业多样化的客户关系管理需求，更有效地配合企业相关工作。

三、呼叫中心的功能

呼叫中心将企业内分属各职能部门的客户服务集中在一个统一对外联系的"窗口"上，采用统一的标准服务界面，为客户提供系统化、智能化、个性化、人性化的服务。呼叫中心一般具有以下几项基本功能。

（一）客户信息管理功能

呼叫中心可以对客户的基本信息及客户的相关活动信息进行管理，同时支持客户信息资料的批量导入和导出。

（二）来电弹出功能

客户来电时，系统会自动弹出来电号码、客户资料、历史通话记录，并提供之前的通

话内容。若来电的是新客户，系统则会弹出提示信息，提醒相关工作人员及时添加新客户资料。

（三）通话记录管理功能

系统可以自动保留与客户的通话记录，并能确保通话记录的完整性、正确性，以方便工作人员随时查询。

（四）遇忙处理功能

在呼叫中心电话占线时，系统可为客户提供自动留言服务；待呼叫中心电话空闲时，系统会为客户自动接通工作人员。

（五）自动语音应答功能

自动语音应答功能可以使客户通过电话按键从系统中获得企业预先录制的语音信息，从而使系统实现全天候自助式服务。

（六）智能分配功能

智能分配功能可以成批处理来电呼叫，并将这些来电按指定的转接方式传送给相应的工作人员，从而提高工作效率。

任务三　了解新技术与客户关系管理

任务导入　积极看待新技术

客户关系管理交流会上，某银行负责人刘总说："随着数据挖掘、人工智能、区块链等技术的出现与蓬勃发展，企业和客户的行为模式也随之发生了变化。相应地，客户关系管理也开始向新型客户关系管理发展。企业要想在新时代背景下获得更多的忠诚客户和实现长久的盈利，就必须积极看待新技术，并借此对客户关系管理实践进行创新和变革。"

"以银行为例。在长期的金融服务中，银行积累了大量的客户信息，包括客户消费记录、收入水平及其他资料等。银行可以将这些信息资源综合起来，建立一个完整的客户信息数据库。"刘总接着说，"大批客户在存款、贷款或其他金融服务方面可能具有极高的相似性，形成了具有共性的群体。借助数据挖掘技术，银行可以对客户信

息进行聚类分析，进而发现这些客户的共性，掌握他们的投资理念，并为其提供有针对性的理财服务，从而实现企业的盈利。"

请思考： 数据挖掘技术对企业客户关系管理有什么作用？

一、数据挖掘

数据挖掘，又称"资料探勘"或"数据采矿"，是指从大量数据中提取出隐含的、未知的、潜在的、有用的信息，使其表现为概念、规则、规律、模式等形式的过程。

（一）数据挖掘技术的功能

一般来说，数据挖掘技术具有以下六大功能。

1. 趋势和行为分析

利用数据挖掘技术，企业能在数据库中提取预测性信息，改变了以往要靠大量人工进行数据分析的局面。例如，利用数据挖掘技术，企业可在客户信息数据库中发现未来销售回报最大的客户，还可预测客户流失情况。

2. 关联分析

利用数据挖掘技术，企业能在数据库中找出隐藏的关系，提取关联性信息。在应用数据挖掘技术以前，企业只能从数据分析中得到一些表面上看似合理的规律，无法明晰数据间的根本联系。例如，某超市的销售数据显示某红酒的销售额排名倒数第一，基于此发现，超市应停止销售这种红酒。但是，通过对销售数据进行关联分析，超市工作人员发现消费额较高的客户中有15%的客户经常购买这种红酒。如果超市停止销售这种红酒，必然会引起这些重要客户的不满。

3. 序列分析

序列分析和关联分析相似，其目的也是挖掘数据间的联系，但是序列分析的重点在于发现与时间相关的数据序列模式，并利用该模式对客户未来的消费行为进行预测。例如，客户在购买手机后很可能会继续购买手机壳、手机膜、手机挂件等配件。

4. 聚类分析

聚类分析是指根据一定的标准将数据分成几个群组，同一群组的数据高度相似，而不同群组的数据差异明显。例如，某线上购物平台通过聚类分析对客户群体进行分类，如将其分为追求时尚的客户、追求性价比的客户等，进而为不同类别的客户推送相关的产品信息，以达到强化客户关系的目的。

5. 概念描述

概念描述是指对某类对象的内涵、特征等进行概括性描述，有时侧重描述某类对象的共同特征，有时侧重描述不同类别对象之间的区别。

6. 偏差检测

数据库中通常会有一些异常的数据记录，从数据库中检测出这些数据记录对于控制偏差至关重要。偏差检测的重点在于发现不符合标准的特例、观测结果与模型预测值的偏差、量值随时间的变化等。偏差检测的基本方法是寻找观测结果与参照值之间有意义的差别。

（二）数据挖掘技术的应用

1. 在客户识别中的应用

客户识别是企业发现潜在客户、获取新客户的过程。数据挖掘技术能够帮助企业根据现有客户的信息、市场反应行为模式总结出潜在客户的特征，进而完成对潜在客户的筛选工作。例如，某线上购物平台在挖掘某产品的潜在客户时，会先找出现有客户的信息，然后通过分析这些客户的行为、偏好等挖掘其独有的特征，最后根据这些特征建立模型，锁定该产品的潜在客户。

2. 在客户分类中的应用

客户分类是将客户分成不同类别的过程，是企业进行客户关系管理的基础，有助于企业针对不同类型的客户进行分析，从而制订个性化的服务策略。例如，某线上购物平台根据客户下单前的浏览情况区分客户的消费风格，并据此制订个性化的营销方案。具体来说，有些客户总是在短时间内比较了少量的商品就下单，属于冲动型消费风格；有些客户反复比较同类商品后才下单，属于理智型消费风格。相应地，购物平台会为冲动型客户推荐最畅销的商品，为理智型客户推荐口碑最好的商品。

3. 在客户忠诚度分析中的应用

客户忠诚度是衡量企业客户关系管理水平的一个重要指标。企业如能获得较多忠诚客户，无疑会大大降低企业的成本，提高企业的竞争力。利用数据挖掘技术，企业可以对客户的消费频次、消费间隔、消费额等进行分析，从而判断客户的忠诚度。

4. 在客户保持中的应用

客户保持是企业留住客户、防止客户流失的过程。在客户保持的过程中，企业可以借助关联分析和序列分析等进行决策。例如，企业通过对流失客户的数据进行分析，发现流失客户的行为模式，分析客户流失的原因，并根据流失客户的特征预测现有客户的流失倾向，以便及时调整服务策略。

二、人工智能

人工智能是研究与开发用于模拟、延伸和扩展人的智能的理论、方法、技术及应用系统的一门新的技术科学，是计算机科学研究领域的一个重要分支。人工智能主要体现在计算智能、感知智能、认知智能三个方面：计算智能，即研究如何使机器具有能存会算的能力；感知智能，即研究如何使机器具有能听会说、能看会认的能力，主要涉及语音合成、

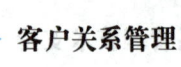

语音识别、图像识别、多语种语音处理等技术；认知智能，即研究如何使机器具有理解、思考能力，主要涉及教育评测、知识服务、智能客服、自动翻译等领域。

头脑风暴

　　人工智能对人们的日常生活产生了哪些影响？和同学讨论，说一说自己的看法。

（一）人工智能技术体系

　　人工智能技术体系可概括为机器学习、知识图谱、计算机视觉和自然语言处理四大模块。

1. 机器学习

　　机器学习是人工智能技术体系的核心技术之一，主要研究能够模拟或实现人类学习活动的智能机器。机器学习可从两个方面进行理解：一方面，智能机器能够像人一样自主地获得知识，并在实践中不断自我完善，提高识别能力；另一方面，智能机器能够从大量已知的数据中找出规律，并进行预测。

2. 知识图谱

　　知识图谱是一种通过大数据技术、自然语言处理技术等，基于知识的内在关联性构建网状知识结构图的技术。在知识表示、抽取和融合等方面，知识图谱建立了较为系统的方法论和技术体系。

3. 计算机视觉

　　计算机视觉是一种使机器感知二维或三维环境中物体的形状、位置、姿态、运动等几何信息，并利用各种算法使机器对感知到的信息进行描述、存储、识别和理解的技术。就本质而言，计算机视觉是对人类视觉的模拟，主要研究如何使机器具备观察和理解外部环境的能力。目前，计算机视觉技术广泛应用于农业、制造业、交通、医疗等领域，为人类社会提供了更安全、更智能、更高效的生产生活方式。

4. 自然语言处理

　　自然语言处理是人工智能研究的重要内容，也是一种综合性技术，综合了语言学、计算机科学、数学等学科，包括信息检索、信息抽取、词性标注、句法分析、语音识别、语法解析、语种互译等技术，其目的在于实现智能机器与人的沟通交流。

　　要实现这一目标，机器首先要识别语音或自然语言文字，然后对自然语言的含义进行理解，最后用自然语言就给定的思想和意图进行表达或输出。2018年1月，在斯坦福大学发起的文本阅读理解挑战赛中，机器的阅读理解能力首次超越了人类。

管理视野

人工智能的经济效应

人工智能在向经济社会渗透的过程中表现出了智能渗透效应、边界延展效应和知识创造效应。

（1）智能渗透效应。人工智能的渗透范围极广，几乎渗透至社会的各个行业、各个环节。例如，医疗行业中的疾病分析和识别、监测地铁站的人群拥挤度、天气预报、金融行业风险评估和收益预测分析等。

（2）边界延展效应。具体如下：一是人工智能提升了人类的最大生产力，二是人工智能技术的应用淘汰了落后的、传统的生产力。两个方面的共同作用促进了整个社会生产力的调整升级。

（3）知识创造效应。人工智能不断扩大科学研究领域，带来知识生产方式的变革，进而促进知识生产效率的指数级提升，促进文化科技发展。

总而言之，人工智能作为新一轮产业变革的核心驱动力，将进一步释放历次科技革命和产业变革积蓄的巨大能量，并创造新的强大引擎，重构生产、分配、交换、消费等经济活动环节，形成从宏观到微观涉及各领域的智能化新需求，催生新技术、新产品、新产业、新业态、新模式，引发经济结构重大变革，深刻改变人类生产生活方式和思维模式，实现社会生产力的整体跃升。

（二）人工智能的应用

人工智能通过以下几个方面对客户关系管理进行补充和提升，使其更加智能。

1. 提高客户关系管理水平

企业的各项工作尤其是客户关系管理工作主要围绕其客户信息数据库开展，但开发和维护适应性强的、内容丰富的客户信息数据库耗时耗力。人工智能的应用可以帮助企业简化程序，提高工作效率。此外，人工智能可从数据库中发现、提取、整合新的信息，为企业的相关决策提供依据，从而提高企业的客户关系管理水平。

AIGC 助力中小企业
有效管理客户关系

2. 提高客户关系管理自动化水平

大数据时代下，客户需求呈现多元化趋势，使得企业实现客户关系管理自动化成为必然。鉴于此，越来越多的企业开始采用各种先进的人工智能技术和手段，对客户关系管理的各项工作进行整合和调整，从而提高客户关系管理自动化水平。例如，对客户进行销售跟进，自动给客户发送节假日祝福邮件，更加智能地分配企业资源，等等。

典型案例

北京市首个"政务无人超市"投入使用

2020年4月，在北京市门头沟区政务服务中心一层大厅，北京市首个"政务无人超市"暨24小时市民自助服务中心投入使用。

"政务无人超市"由政务公开、公服联盟、金融矩阵、综合服务、百事套餐、百证超市、百事导航、百窗评价、智能流转等九个功能区组成。该超市每日能够办理超过1 000项业务，涵盖水、电、气、热缴费及教师资格证办理等业务。该区市民在这里可以全程自助办理业务，无须反复递交材料。

除了省事，"政务无人超市"还实现了错峰办理和高效办理。市民可以利用午休、下班时间顺道办理业务。业务初步审核后，窗口工作人员会第一时间通过电话给予市民反馈，做到高效无误。

未来，门头沟区政务服务中心将围绕政务服务智能化、便利化目标，不断打造24小时自助服务圈，把贴心政务送到市民身边。

（资料来源：张鹜、张雯，《北京市首个"政务无人超市"投入使用》，
《北京日报》2020年4月8日，有改动）

三、区块链

区块链是一种去中心化的分布式账本数据库，其主要作用是储存信息。参与者可以在电脑上运行区块链节点并加入区块链网络，每个节点都是平等的，所有节点记录的内容都会同步，因此每个节点都保存着整个数据库内容。

什么是区块链？

区块链涉及数学、密码学、互联网、计算机编程等科学技术问题，在金融领域、物联网和物流领域、智能制造领域、公共服务领域、数字版权领域、保险领域、公益领域等方面都具有广阔的应用空间。

（一）区块链的特点

与传统数据管理方法与技术相比，区块链具有以下特点。

1. 去中心化

区块链数据的生成、存储、传输、验证、维护等过程均是基于分布式的系统结构。整个系统中所有节点都具有同等的权利和义务，不依赖于中心化的硬件或管理机构。作为区块链的不同部署形式，公有链可以做到完全无中心，联盟链以多中心的形式存在，但同样要求所有节点具有同等权限。

> **知识贴士**
>
> 　　根据应用场景和设计体系的不同，区块链系统可分为公有链、联盟链和专有链。其中，公有链是一种任何人都可读取、发送交易且交易能获得有效确认的非许可型区块链；联盟链是一种只针对某个特定群体的许可型区块链；专有链是一种仅面向某个组织或者特定少数对象的区块链。

2. 数据可靠

　　区块链系统将有时间戳（区块链上每一笔数据都具有时间标记）的数据区块按照时间维度存储起来，增强数据的可验证性和可追溯性。区块链上的任一节点都可以拥有一份完整的、无差别的数据库拷贝，而且参与系统的节点越多，数据库的安全性就越高。因此，区块链可提供可靠的数据存储。

3. 去信任化

　　区块链采用非对称加密算法对交易进行签名，使交易不易被伪造，系统中的各节点无须信任彼此就可以进行交易和协作。

（二）区块链的应用

　　区块链技术的安全性高，技术前景广阔，受到了各行各业的广泛关注。区块链技术在企业客户关系管理中的应用主要体现在以下几个方面。

1. 数据共享

　　随着互联网和社交媒体等的发展，企业需要处理的数据不论是在数量上还是在类型上都呈现出日益增加的趋势。但企业内部不同部门存储和使用数据的方式不同，导致各部门形成了所谓的"数据孤岛"，使企业难以便捷地把数据收集起来为自己所用。因此，企业需要更加有效的数据处理方法，以满足数据共享的需求。

"区块链+蔬菜"
能得到什么

　　由于区块链具有去中心化特点，当数据集成到区块链系统之后，企业内部各个部门都可以作为参与者，共同对这些数据进行管理和维护，最终从根本上打破企业内部的"数据孤岛"。此外，区块链技术还可以通过改写脚本程序和算法机制等实现数据架构的灵活调整，从而为企业开展客户关系管理提供丰富且灵活的数据基础。

2. 数据安全

　　区块链采用特殊加密技术、时间戳及分布式结构等，保证了系统内数据不易被任何外部人员篡改。同时，区块链能够将自系统建立之初至当前的所有相关数据科学地存储起来，保证了数据的可追溯性，为企业管理客户数据提供了强有力的安全保障。

3. 隐私保护

　　客户关系管理是围绕客户信息和数据展开的，企业在实施客户关系管理战略的过程中

必然会涉及客户信息的保护问题。试想，当客户感受到自己的个人信息被侵犯之后，肯定会产生不信任，客户关系管理的效果和意义将会大打折扣。

区块链技术的应用，增强了客户对自身隐私的控制。同时，也在一定程度上约束了企业对客户数据的使用，从而为客户营造了安全可信的互动氛围，有利于企业客户关系管理效果的提升。

知识试练

一、不定项选择题

1.（　　）客户关系管理系统，又称"前台客户关系管理系统"，它能够使企业各部门业务人员在工作中共享客户资源。

    A．操作型   B．分析型

    C．协作型   D．企业级

2.（　　）不属于客户关系管理系统的业务功能。

    A．营销自动化   B．销售自动化

    C．决策自动化   D．服务自动化

3．按照系统功能划分，客户关系管理系统可分为（　　）。

    A．操作型客户关系管理系统   B．分析型客户关系管理系统

    C．协作型客户关系管理系统   D．企业级客户关系管理系统

4．客户关系管理系统的特点包括（　　）。

    A．综合性   B．集成性   C．智能化   D．技术含量高

5．区块链技术在企业客户关系管理中的应用主要体现在（　　）。

    A．数据共享   B．数据安全

    C．隐私保护   D．去信任化

二、判断题（正确的打"√"，错误的打"×"）

1．即使工作人员下班，呼叫中心也能为客户提供24小时全天候的服务。（　　）

2．实际上，呼入型呼叫中心应用较多。（　　）

3．数据挖掘，又称"资料探勘"或"数据采矿"，是指从大量数据中提取出隐含的、未知的、潜在的、有用的信息，使其表现为概念、规则、规律、模式等形式。（　　）

4．人工智能主要体现在计算智能、感知智能、认知智能三个方面。（　　）

5．得益于区块链的去信任化特点，企业内部各个部门都可以作为参与者，共同管理和维护客户数据。（　　）

三、简答题

1．简述客户关系管理系统的功能。
2．简述呼叫中心的特点。
3．简述数据挖掘在客户关系管理中的应用。
4．简述区块链的特点。

四、案例分析题

F 计算机公司引入客户关系管理系统

F 计算机公司是欧洲地区家用计算机的主要供应商。为了实现客户价值的最大化，该公司采用"以客户为中心"的市场战略，引入了支持销售、服务和营销活动且覆盖全欧洲的客户关系管理系统。

一、明确目的

F 计算机公司引入客户关系管理系统的目的是增强客户信息透明度，提高客户忠诚度，减少企业的非销售活动，使公司能够通过数据库分享所有信息。

二、选择供应商

F 计算机公司选择 Z 咨询公司帮忙设计客户关系管理系统。经过分析和诊断之后，F 计算机公司和 Z 咨询公司共同设计了一款客户关系管理系统。

三、组织培训

为了让员工充分利用客户关系管理系统，一方面，F 计算机公司请 Z 咨询公司分别对经理、会计团队和系统管理人员进行了广泛的、定制化的培训；另一方面，F 计算机公司和 Z 咨询公司共同编写了系统使用说明书，并分发给不同办公地点的工作人员。

四、发挥客户关系管理系统的作用

在 Z 咨询公司的帮助下，F 计算机公司使用客户关系管理系统实现了更高效的客户关系管理。例如，F 计算机公司工作人员在几秒内就能检索到全球所有客户的相关信息；又如，客户关系管理系统不仅可以供销售、服务、营销等企业内部部门使用，也可以供企业外部销售渠道合作伙伴使用，实现了客户关系管理的高度集成，提高了 F 计算机公司控制销售流程的能力，使得公司员工和渠道合作伙伴能够协同工作，实现了跨部门、跨团队的销售。

结合所学知识回答以下问题：

对企业来说，怎样才能使客户关系管理系统发挥最大作用？

笃行致远

"技术发展的利与弊"辩论赛

〔实践描述〕

在客户关系管理交流会上，企业高管王经理、高校教师王老师和某银行负责人刘总分别结合具体案例给大家介绍了客户关系管理系统、呼叫中心、数据挖掘技术等在客户关系管理中的应用。相信你对技术的进步及其对客户关系管理的影响已有所了解。请结合自己的理解，以小组为单位，在班级内展开一场辩论赛。

〔实践目的〕

加强对客户关系管理技术支持的认知。

〔实践分组〕

全班学生以 5～7 人为一组进行分组，各组选出组长并进行任务分工，将小组成员及分工情况填入表 2-1 中。

表 2-1　小组成员及分工情况

班级		组号		指导教师	
小组成员	姓名	学号		任务分工	
组长					
组员					

〔实践过程〕

将具体的实践步骤及相关情况记录在表 2-2 中。

表 2-2　实践步骤记录表

遇到的问题、解决方法、心得感悟等	实践步骤
	1. 确定辩题 （1）正方观点：对企业客户关系管理来说，技术发展利大于弊 （2）反方观点：对企业客户关系管理来说，技术发展弊大于利

（续表）

遇到的问题、解决方法、心得感悟等	实践步骤
	2．准备材料
	3．小组模拟辩论现场，记录需注意的问题
	4．各组以抓阄的方式，确定出场顺序，展开辩论（可参考以下程序） （1）正方一辩发言，时长2分30秒 （2）反方一辩发言，时长2分30秒 （3）正方二辩选择反方二辩或三辩进行一对一攻辩，时长1分45秒 （4）反方二辩选择正方二辩或三辩进行一对一攻辩，时长1分45秒 （5）正方三辩选择反方二辩或三辩进行一对一攻辩，时长1分45秒 （6）反方三辩选择正方二辩或三辩进行一对一攻辩，时长1分45秒 （7）正方一辩进行攻辩小结，时长1分30秒 （8）反方一辩进行攻辩小结，时长1分30秒 （9）自由辩论，正方先开始，双方各4分钟 （10）反方四辩总结陈词，时长3分钟 （11）正方四辩总结陈词，时长3分钟
	5．全班学生根据所有辩手的表现，评选出最佳辩手

〔实践考核〕

赛后，各组整理材料并提交，配合指导教师填写考核评价表（见表2-3）。

表 2-3　考核评价表

项目名称	评价内容	分值	评价分数		
			自评	互评	师评
知识技能评价（30%）	对客户关系管理的技术支持有一定的了解	15			
	认识到技术发展对客户关系管理的重要意义	15			
素养评价（30%）	有集体观念，能够做好本职工作	10			
	善于思考，能够举一反三	10			
	能够用辩证的眼光看问题	10			
成果评价（40%）	有理有据，逻辑清晰	20			
	能言善辩，反应迅速	20			
合计		100			
总评	自评（20%）+互评（20%）+师评（60%）=	教师（签名）：			

明德博学

普安县供电局：数据驱动，智联客户，提升体验

为提升客户体验，南方电网兴义市普安县供电局积极参与政府"高效办成一件事"窗口建设，依托政务数据共享，实现供电业务自动办理，客户仅需"一个窗口、一张表格"即可完成用电报装。

针对高压用户办电痛点，普安县供电局创新推出"四办"服务，以数据为驱动，实现了客户关系管理的智能化和精细化。具体措施如下。

一、数据共享，联席服务，精准对接重大项目。普安县供电局通过数据共享机制，为重点开发区域量身定制供电方案，保障项目顺利开展。

二、主动服务，按需定制，压缩办电时长。普安县供电局实现政企数据互通，根据企业实际需求定制供电方案，将高压用户办电时长压缩至 10 天以内，低压非居民用户压缩至 6 天、居民用户压缩至 3 天。

三、线上办理，便捷高效。普通用户可通过"南网在线"App 刷脸完成办电、签约等业务，无须证件，操作便捷。

四、流程整合，一次办结，节省时间和精力。普安县供电局推出水、电、气网联合报装"一件事"套餐，将多个业务整合。用户在公共服务报装阶段仅需简单几步，即可一次性办理水、电、气、网业务。

"四办"服务向企业提供全生命周期服务，降低办电成本；对个人则简化了流程，提升体验。未来，普安县供电局将持续深化数据应用，优化"四办"服务，打造智慧用电服务体系，让客户少跑腿，持续提升客户满意度，推动普安县用电营商环境高质量发展。

（资料来源：李永馨、陈康清，《普安供电局：让数据多"跑腿" 客户少"上门"》，
人民网，2024 年 11 月 5 日，有改动）

模块三

觅迹寻踪

——客户开发管理

模块导读

客户是企业最重要的资源，客户资源决定着企业的未来。企业要想在激烈的市场竞争中发展壮大，就须从众多客户群体中找到对自身有意义、有价值的客户，开发其为现实客户，并与其建立长期、良好的关系。

本模块主要介绍了如何识别与选择客户，以及如何开发客户。

素养 目标

（1）培养独立思考的能力与敏锐的观察力。

（2）树立大局意识和全局观念，提升统筹管理水平。

知识 目标

（1）了解潜在客户的特征与需求，选择目标客户的指导思想。

（2）掌握开发客户的策略。

技能 目标

（1）能够识别出潜在客户的特征。

（2）能够根据实际情况选择合适的客户。

（3）能够灵活运用客户开发策略，成功开发客户。

任务一　识别与选择客户

　　汪同学是一名旅游、摄影爱好者。在客户关系交流会上，他分享了大疆公司的案例。他说："在大疆航拍无人飞机出现之前，市场上的航拍设备价格高昂、操作困难，无人机设备和拍摄设备还是分开的，不易携带。大疆公司推出 Phantom 无人机，成功地开辟了一个新的产品类型。作为入门级无人机，其价格相对便宜、操作简单，无人机和相机是一体的，整体重量轻、体积小，便于携带，还赠送保险及维修服务，因此，吸引了一大批客户。"

　　"该无人机产品获得成功后，大疆公司开始扩大目标客户群体。以前大疆公司的目标客户是专业摄影师，现在大疆公司的目标客户群体涵盖专业摄影师、户外运动爱好者、普通消费者。"汪同学继续说，"在该产品获得成功之后，大疆公司开始进军专业的航拍市场和小型航拍市场。针对专业航拍市场，大疆公司推出了万元级别的产品系列，专业摄影师可以用该系列产品拍摄电影、广告等。针对小型航拍市场，大疆公司推出了体积小巧、便于携带的产品，航拍爱好者可以把航拍设备装入口袋，随时随地进行航拍。"

　　请思考：大疆公司是如何识别与选择客户的？

一、识别潜在客户

　　识别潜在客户是指企业通过一系列技术手段，根据可得到的客户特征、购买记录等数据，找出企业的潜在客户的过程。

　　识别潜在客户是客户关系管理的首要环节。企业只有识别出有可能成为新客户的潜在客户，才能有针对性地展开新客户开发工作，同时减少无谓的投入，从而用尽可能低的成本获取尽可能多的客户。

什么是潜在客户？

（一）识别潜在客户的特征

　　企业在识别潜在客户的过程中，要抓住潜在客户的特征，即用得着、买得起、说了算。

　　用得着是指客户有购买需求。不是所有的人都对企业的产品或服务有需求，有需求的一般是具有某种特征的群体。例如，移动公司销售人员在识别千兆宽带业务的潜在客户时，

如果发现客户连笔记本电脑、台式电脑、平板电脑或智能手机都没有，则可以确定客户不会使用宽带业务，即这类客户不是潜在客户。

买得起是指客户有购买能力。对于一个有购买需求但没有足够支付能力的客户，企业即使付出再多的努力也不能成交。例如，保险推销人员试图把价格高昂的医疗保险销售给一个仅能维持最低生活标准的家庭，这个家庭虽然需要保险但没有支付能力，最后这个家庭也不会购买该保险。

说了算是指客户有购买决定权。客户对购买行为有决定权是成交的基础。

（二）识别潜在客户的需求

企业只有识别出潜在客户的需求，掌握更多的客户需求信息，才能更好地服务客户，进而有针对性地开发客户。

1. 识别潜在客户需求的类型

（1）功能需求。功能需求是指客户对产品的基本要求，主要包括以下三个方面：① 主导功能需求，指客户对产品的核心功能（最基本的功能和效用）的需求；② 辅助功能需求，指客户对实现或展现产品主导功能的支持功能的需求；③ 兼容功能需求，指客户对除产品的主导功能和辅助功能之外的特殊功能的需求。

（2）形式需求。形式需求是指客户对产品实现功能的技术支持、物质载体及表现形式的要求，主要包括以下三个方面：① 质量需求，指客户对产品质量的核心要求，包括产品的性能、可靠性、安全性和功能的实现程度等；② 品牌需求，指客户对产品知名度的需求；③ 载体需求，指客户对产品的物质结构、表现形式和外观的要求。

（3）外延需求。外延需求是指客户对产品的功能需求和形式需求以外的附加需求，主要包括以下三个方面：① 服务需求，指客户在整个购买决策过程中对服务的要求；② 心理需求，指客户在整个购买决策过程中对满足心理想法的要求；③ 文化需求，指客户对产品文化、企业文化的要求。

（4）价值需求。价值需求是指客户将产品的质量与价格进行比较后对价值的要求。例如，购买手机时客户想要同等价格水平下性价比最高的手机。

2. 识别潜在客户需求的方法

（1）体验中心法。体验中心法是指企业设立体验中心，全方位展示品牌价值，让客户亲自体验产品的功能，获得客户反馈，从而识别客户需求的一种方法。例如，腾讯公司设立了客户体验中心，经常邀请客户体验还未正式推广的新产品，以测试最新的功能与技术，同时通过与客户进行的有效交流来改进自己的产品。

（2）深度访谈法。深度访谈法是指企业为获取客户对企业产品或服务的看法而对一些目标客户进行访谈，进而识别客户需求的一种方法。例如，某企业为了解客户对产品的喜好而对客户进行一对一访谈。

（3）研究竞争对手法。研究竞争对手法是指企业通过研究竞争对手的产品或服务来了解客户的需求，从而识别客户需求的一种方法。例如，京东商城研究对手并发现竞争对手的不足之处在于物流速度较慢，无法满足客户想要快速收到产品的需求，于是通过改变自身策略建立京东自营物流，提升产品的配送速度，吸引了一大批稳定的客户。

（4）数据挖掘法。数据挖掘法是指企业利用数据挖掘技术分析客户需求，预测客户需求趋势，从而识别客户需求的一种方法。

二、选择目标客户

选择目标客户是指对潜在客户进行筛选，选择可以开发并建立客户关系的客户的过程。对企业而言，客户是企业经营的基础和价值创造的源泉，但不是所有的潜在客户都是企业的有效客户，也不是所有的潜在客户都能给企业带来收益，只有优质的客户才是企业形成客户资源优势、增强核心竞争力的法宝。因此，正确选择目标客户是企业成功开发客户的前提。

企业的目标客户

一般来说，企业选择目标客户时应注意以下几点。

（一）选择与企业定位一致的客户

企业应从实际出发，根据企业定位如经营目标、经营的产品或服务等，选择与企业定位一致的目标客户。例如，小米公司坚持"为发烧友而生"的设计理念，将目标客户定位为年轻用户，这些目标客户习惯通过网络获取信息，容易接受新事物，期待手机应用软件更具延展性和娱乐性。由于目标客户的需求与小米公司的产品定位一致，所以小米手机一经推出就大受欢迎。

典型案例

王老吉凉茶的客户定位

在琳琅满目的饮料市场中，王老吉凉茶以其独特的"预防上火"功效独树一帜，成为家喻户晓的国民品牌。其成功的背后，是对目标客户群体精准的定位。王老吉没有将凉茶仅仅当作一种传统饮品，而是深入挖掘其"降火"的特质，并将其与现代人的生活习惯和健康需求紧密结合。

王老吉敏锐地捕捉到，在快节奏的现代生活中，熬夜加班、频繁应酬、嗜食辛辣等行为屡见不鲜，导致许多人容易"上火"，而他们对健康问题日益关注。因此，王老吉将目标客户群体锁定为有"降火"需求，注重健康、追求生活品质的年轻人和中年人。他们可能是喜爱火锅、烧烤的年轻人，可能是熬夜加班的白领，也可能是注重养生的中老年人。

为了精准覆盖这些目标客户，王老吉将"预防上火"的理念融入各种生活场景中。通过广告宣传和营销活动，王老吉不断强化消费者在吃火锅、熬夜等容易"上火"的场景下选择凉茶的意识。那句经典的"怕上火，喝王老吉"的广告语，更是深入人心，将王老吉与"降火"紧密联系起来。

正是凭借着对目标客户群体的精准定位，王老吉凉茶成功将自身打造成"预防上火"的代名词，在消费者心中建立了清晰的品牌认知。

（二）选择能带来利益的客户

在选择目标客户时，企业要尽量选择能够给企业带来较高利润、较多价值、较大贡献，且占用企业资源较少、给企业带来的风险较小的客户。有些客户只向企业购买很少的产品或服务，但要求却很多，花费了企业高额的服务费用，导致企业为其消耗的成本远远超过他们给企业带来的收入。对于这类客户，企业应从长远考虑并谨慎选择。

（三）选择有潜力的客户

在选择目标客户时，企业除了应考虑当前客户对企业的盈利贡献，还应考虑客户的成长性、核心竞争力及客户未来对企业的贡献，从而选择有潜力的客户。

（四）选择优势匹配的客户

在选择目标客户时，企业应选择与自身优势匹配的客户。

当企业与客户在各自的领域及资金、技术、品牌等方面都有吸引对方的优势时，双方可以通过长期、稳定、平等的合作，相互取长补短。

当企业与客户的实力悬殊时，企业可能存在无法满足客户需求的情况，从而增加了开发客户的难度和维持客户的成本。

例如，一家生产汽车配件的小型企业打算把目标客户锁定为大型汽车制造企业，想要迅速扩大生产，尽快达到盈亏平衡，但经过一年的努力都未成功，最终分析发现这些大型汽车制造企业选择的是与其实力相匹配的供应商。了解情况后，该企业很快调整目标客户策略，计划寻找一些中小型汽车制造企业，而这些中小型的汽车制造企业也正在寻找产品物美价廉且未被大型汽车制造企业锁定的供应商，于是双方建立了长期稳定的关系，取得了双赢。

任务二 开发客户

C 任务导入 招商银行的特色服务

在客户关系管理交流会上，刘老师说："现在市场上同类产品或服务越来越多，企业要想在激烈的市场竞争中取胜并吸引客户的关注，其产品或服务必须具有一定的特点。例如，招商银行针对信用卡客户推出了一些特色服务，并凭借这些服务吸引了众多的个人客户前来办卡。"

"针对频繁乘坐飞机的客户，招商银行推出'刷卡买机票，送百万航空意外险'的活动。"刘老师继续说，"针对有车的客户，招商银行和国际SOS救援中心签署协议，持有招商银行信用卡的有车客户每月只需投入10元，就可以享受国际SOS救援中心提供的每年一次30千米之内免费拖车、不限次数免费路边维修等九项服务。针对都市白领客户，招商银行向持卡人提供美容健身、休闲娱乐、餐饮等贵宾服务或折扣优惠。针对网购客户，招商银行推出与京东的联名卡，为持卡人提供两年的京东会员服务，等等。"

请思考： 招商银行是如何吸引和开发客户的？

企业发展需要源源不断地吸引和开发新客户。据不完全统计，企业每年客户的流失率为10%～30%，因此，企业在努力培养客户忠诚度的同时，还要不断寻求机会开发新客户。这样，一方面可以弥补客户流失的缺口；另一方面可以壮大企业的客户队伍，提高企业的综合竞争力，增强企业的盈利能力，实现企业的可持续发展。

开发客户是指企业运用一定的手段，促使目标客户产生购买欲望并付诸行动，使他们成为企业现实客户的过程。企业开发客户的策略可分为营销导向的开发策略和推销导向的开发策略。

一、营销导向的开发策略

运用营销导向的开发策略时，企业需要利用有吸引力的产品策略、价格策略、分销策略和促销策略来吸引目标客户，促使目标客户产生购买行为，从而将目标客户开发为现实客户。运用营销导向的开发策略的关键在于想办法让客户主动产生购买行为。

（一）产品策略

产品是指在法律允许范围内，企业向市场提供的能满足消费者需求或欲望的任何有形物品和无形服务。产品是一个包含着多层次内容的整体概念，主要包括核心产品、形式产品、期望产品、附加产品和潜在产品五个层次，如图 3-1 所示。

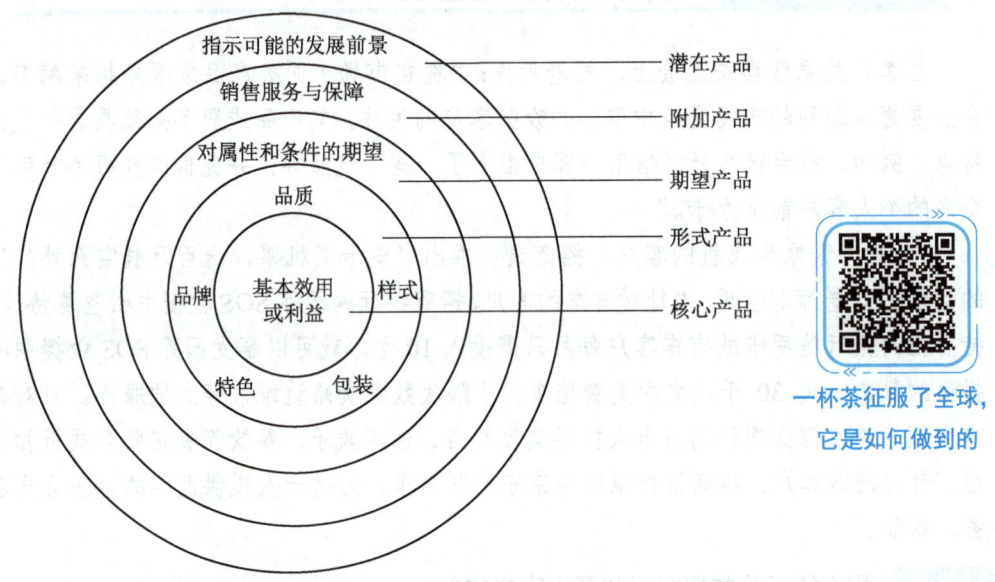

一杯茶征服了全球，
它是如何做到的

图 3-1　产品整体概念的五个层次

企业应紧紧围绕客户需求开展产品的设计、开发、制作和销售，不断加强产品的功能效用、质量，不断突出产品的特色、品牌、包装，并提供相关服务、承诺和保证等，从而提供能满足客户需要、能让客户满意的产品或服务。

1. 功能效用

功能效用是产品吸引客户最基本的立足点，功能越强、效用越大的产品对客户的吸引力就越大。例如，某洗衣液生产企业优化产品组合，推出强清洁力型洗衣液、柔顺型洗衣液、抗静电型洗衣液等，以满足客户不同的需求，大大增强了产品对客户的吸引力。

2. 质量

质量优良的产品或服务总是受到客户的青睐，因为质量优良往往代表着安全、可靠和值得信赖，客户之所以购买企业产品或服务最主要的就是看中其过硬的质量。而质量有问题的产品或服务，即使价格便宜也没有人愿意购买。相反，对于高质量的产品，即使价格高一些，人们往往也愿意接受。

福耀公司实现技术突破

福耀公司始终坚持"高性能、高稳健、高绩效"的"三高"质量标准，成功解决了多项"卡脖子"的技术难题，在汽车玻璃关键成型工艺及设备、镀膜、光电等核心技术领域均实现技术突破，自主研发出满足汽车新四化（电动化、网联化、智能化、共享化）需求的轻量化超薄玻璃、镀膜可加热隔热玻璃、带网联天线的 ETC 玻璃、智能全景天幕玻璃等各类高质量玻璃。

福耀公司的高质量产品及服务得到宾利、奔驰、宝马、奥迪、通用、丰田、大众、福特、克莱斯勒等全球知名汽车制造企业及主要汽车厂商的认证和选用。

（资料来源：《福耀数字玻璃，让未来清晰可见》，福耀集团官方网站，
2020 年 10 月 11 日，有改动）

3. 特色

现在市场上同类同质的产品与服务越来越多，因此，企业要想在激烈的市场竞争中脱颖而出，其产品与服务必须有足够的特色。

例如，华为 P 系列手机主打拍摄功能，配备徕卡镜头，在手机市场上展现了强大的竞争力，吸引了一批喜欢拍照的客户。

4. 品牌

品牌是用来识别某个产品或服务，使之与竞争对手的产品或服务区别开来的商业名称及标志。品牌之所以对客户具有吸引力，是因为品牌代表一种保证、一种承诺。无论购买地点在哪里、购买形式如何，客户都能获得品牌方提供的符合统一标准的产品，从而降低了购买风险，保证了自身的利益。

当客户对产品或服务的安全和质量要求较高时（如客户购买婴儿护理产品），或者当客户难以事先评估产品的性能时（如客户购买电脑、手机等高科技产品），品牌的作用尤为突出，因为品牌能够让客户信任、放心，久负盛名的品牌更能增强客户购买的信心。

5. 包装

包装是指企业为产品设计并制作的容器、保护层或装饰，其不属于产品本身，又与产品一起销售。包装的作用包括便于产品的保护、运输、储存、摆放，便于客户识别、携带和使用产品。

包装是产品的"无声销售员"。一方面，好的包装能够吸引客户的视线，引起或加强客户的购买欲望；另一方面，当各个品牌之间的差异较小、较难被客户感知时，包装在视觉方面的优势就会让产品"占上风"，进而影响客户的购买决策。

6. 服务

服务是指企业向客户提供的各种服务，涵盖售前服务、售中服务和售后服务，如产品

介绍、送货、安装、调试、维修、技术培训、产品包装等。企业向客户提供的服务越完备，产品的附加值就越大，客户从中获得的实际利益也就越大。

例如，海尔推行的"全程管家 365"服务的内容包括售前上门设计、售中咨询导购、售后安装调试、定期维护保养等。在全年 365 天里，海尔的服务人员全天候 24 小时等待客户的来电，只要客户拨打海尔当地的服务热线，服务人员就会随时为客户提供服务，海尔的服务成功吸引了一大批客户。

7. 承诺与保证

客户的购买行为总伴随着一定的风险，如产品不符合预期、需求得不到满足等，而企业提供的承诺与保证可以在一定程度上起到保险作用，可以减少客户的心理压力，引起客户的好感与兴趣，从而促使客户放心地购买和消费。

例如，航空公司承诺航班准点，同时承诺当航班因非不可抗力因素延误、延期、取消或提前时，保证赔偿乘客的损失，这样便可在一定程度上增强乘客对航空服务可靠性的信心。

（二）价格策略

一般来说，企业通过价格策略吸引客户的方式有以下几种。

1. 新产品定价策略

新产品定价策略主要有以下两种。

（1）撇脂定价策略。撇脂定价策略是指在新产品刚进入市场时，企业利用客户的求新、求奇、求质量的心理，抓住激烈竞争尚未出现的有利时机，将产品价格定得很高的做法。

企业采用该策略必须具备两个基本条件：一是产品必须具有较明显的质量、性能优势，并且有较大的市场需求量；二是产品必须具有特色，在短期内竞争者无法仿制或推出类似产品。

典型案例

平板电脑的定价策略

某电子产品公司推出的第一款智能平板电脑零售价高达 4 999 元，虽对大部分客户来说属于高价位产品，但仍有很多客户购买，该公司的撇脂定价策略取得了成功。该公司认为还可以"撇到更多的脂"，于是过了不到半年又推出了一款容量更大的平板电脑，当然价格也更高，定价为 5 999 元，这款产品依然卖得很好，该公司的撇脂定价策略又一次大获成功。

（2）渗透定价策略。渗透定价策略是指在新产品刚进入市场时，企业将产品价格定得较低，以物美价廉的形象吸引客户的做法。该策略适用于市场需求潜力大、成本低、需求弹性大的产品。

2. 折扣定价策略

折扣定价策略是指通过有导向性的折扣促销来争取更多客户的做法，在现实生活中应用十分广泛。具体可分为数量折扣、季节折扣和交易折扣。

（1）数量折扣是指企业对大量购买产品的客户给予价格折扣的做法，通常客户购买的产品数量越多，折扣越大。数量折扣策略可以鼓励客户大量购买本企业产品，使企业与客户建立长期的合作关系。

第二件半价更心动

（2）季节折扣是指企业为吸引与刺激客户在淡季购买而给予价格折扣的做法。

（3）交易折扣，又称"功能折扣"，是指企业根据各类中间商在市场中的不同地位和功能，给予不同折扣的做法。通常企业给予批发商的折扣较大，给予零售商的折扣较小。交易折扣策略可以鼓励中间商大批量订货，扩大销售，争取更多的客户，使企业和中间商互利共赢，从而建立长期的良好合作关系。

典型案例

大型商超的折价销售

　　某大型商超能够迅速发展，除了得益于正确的战略定位，也得益于其折价销售策略。该商超的每家超市都贴有"天天廉价"的标语，同一种商品在该商超比在其他商店要便宜。该商超提倡"低成本、低费用、低价格"的经营理念，主张把更多的利益让给客户，"为客户节省每一元"是他们的目标。低廉的价格、可靠的质量是该商超的一大竞争优势，为其吸引了一批又一批的客户。

3．差别定价策略

差别定价策略是指企业为吸引不同的客户，制订不同的产品价格的做法。差别定价法主要包括客户细分定价、产品形式差别定价、位置差别定价、时间差别定价等四种形式。

（1）客户细分定价是指对于同一种产品或服务，企业向不同的客户提供不同的价格。例如，学生、军人的火车票价格往往低于一般乘客。

（2）产品形式差别定价是指企业对不同规格的同一类产品制订不同的价格。需要注意的是，这些产品的价格之差和实际成本的差额是不成比例的。例如，33寸（1寸≈3.33厘米）液晶电视机的价格比29寸的高很多，但两者的成本差额远没有这么大。

（3）位置差别定价是指企业对处在不同位置的产品或不同地区的服务项目制订不一样的收费标准，即使这些产品或服务拥有相同的成本。例如，火车卧铺从上铺到中铺，再到下铺，价格逐渐增高。

（4）时间差别定价是指企业对不同季节、不同时间的产品或服务分别制订不同的价格。例如，景区的票价在淡季时较低，在旺季时较高。

4．心理定价策略

心理定价策略是指企业为迎合客户心理需要，根据客户对价格数字的敏感程度和心理

特点来定价的做法。心理定价策略主要包括尾数定价、整数定价、声望定价、招徕定价等四种策略。

（1）尾数定价是指企业为产品制订一个以零头数结尾的非整数价格的做法，如 49.89 元、9.9 元等。该策略常会给人一种便宜的感觉，从而吸引客户购买。

锚定价格的魔力

（2）整数定价是指企业将产品的价格定为整数的做法。该策略适用于高档产品、价格较高的耐用品等。

（3）声望定价是指企业对在客户心目中具有较高信誉的产品制订高价的做法。该策略适用于豪华轿车、高档手表等高级名牌产品。

（4）招徕定价是指企业利用客户追求廉价的心理，将产品价格定得较低的做法。该策略能够吸引客户上门消费，帮助企业打开销路。

（三）分销策略

为了达到吸引客户、让客户上门的目的，企业应选择恰当的分销渠道或途径，使客户很容易、很方便地就能买到企业的产品或服务。一般来说，企业可以采用以下几种分销策略。

1. 密集性分销策略

密集性分销策略，又称"广泛型分销"或"普遍性分销"，是指企业在同一渠道层级选用尽可能多的中间商来分销其产品的做法。

该策略适用于日常生活用品、工业品中的原材料和标准件，可以使产品在目标市场上形成铺天盖地之势，把产品分销到客户可能到达的所有商店，方便客户随时随地购买产品。

典型案例

OPPO 与 vivo 的普遍分销

OPPO 与 vivo 两家门店（以下简称"Ov"）将中国式普遍分销做到了极致，实现了终端网络体系全覆盖。在小米等企业大谈增加网络渠道、取消渠道中间环节的时候，Ov 正利用其庞大的代理商模式，通过门店、服务中心、体验中心渗透到一线至四线城市，甚至是五、六线城镇。

两家公司的线下店如孪生兄弟般成双成对地出现在中国的大街小巷、乡村小镇，只要看到 OPPO 门店，不出 50 步必有 vivo 门店，可以说 OPPO 门店、vivo 门店的市场已经覆盖到了 4～6 级市场。

一般 3 级市场是手机品牌覆盖的一个边际点，到 4 级就无法覆盖了，但 4 级市场主要是城镇，拥有 3.5 亿人口，恰恰是消费品的决定性市场，同时城镇向下对农村消费具有极强的吸附与引领作用。4 级市场相当于整个消费市场巨人的"腰"，对上支撑，对下引领，Ov 以占领 4 级市场为核心，实现了从 1～6 级的终端渠道全覆盖。

（资料来源：《一年卖 2 000 亿！如何像 OPPO、vivo 将分销做到极致？》，搜狐网，2017 年 7 月 24 日，有改动）

2．独家分销策略

独家分销策略是指一段时间内企业在特定市场上只选择一家中间商来经销其产品的做法。采用独家分销策略，通常要求产销双方签订书面协议来保证彼此的权利和义务，如规定生产企业不得把同类产品委托其他中间商经销，经销商不得再经营其他竞争性产品。同时，在协议中对广告宣传费用的负担、价格的优惠等都应做出规定，以便共同遵守。该策略适用于技术性强、价格较高、售前售后服务水平要求比较高的产品，如名牌钢琴、汽车等。

该策略有利于控制中间商，提高中间商的经营水平和服务质量，从而提高企业的竞争力，吸引客户。

3．选择性分销策略

选择性分销策略是指企业在同一渠道层级上精心选择几家中间商来分销其产品的做法。该策略适用于选择性较强的耐用消费品、高档消费品和专用性较强的零配件，以及技术服务要求较高的工业品。

该策略有利于企业通过优选中间商维护自身的声誉，有利于企业加强对市场的控制。

头脑风暴

对于高级手表、非名牌自行车、刮脸刀片、可口可乐等产品，企业分别选择哪种分销策略最合适？

（四）促销策略

1．广告促销

广告促销是指企业以付费的形式，有计划地借助大众传播媒体对产品进行广泛宣传，向广大客户传递信息，促进产品销售的一种促销活动。广告可以大范围地进行信息传播，能起到提高产品或服务的知名度、吸引客户和激发客户购买欲望的作用。

此外，广告融合了象征、主题、造型等宣传方式，有助于品牌形象的推广及创造品牌的特色和价值，同时能够吸引客户采取购买行动。例如，蒙牛的标识以绿色为底，白色作图，给人一种清新明快的感受——绿色容易让人联想到大草原，白色容易让人联想到新鲜的牛奶。这样就会吸引人们想要去尝试蒙牛乳品。

2．公共关系促销

公共关系促销是指企业运用各种交际技巧，采用公关宣传、公关赞助等形式来加强与社会公众沟通的一种促销活动。公共关系的目的包括树立和维护企业的良好形象，建立或改善企业与社会公众的关系，控制和纠正对企业不利的舆论，引导各种舆论朝着有利于企业的方向发展。

公共关系的类型主要包括服务性公关、公益性公关、宣传性公关等。

（1）服务性公关表现为企业向社会公众提供各种类型的附加服务，同时提升服务质量。服务性公关的目的是通过企业的各种活动使客户得到实惠，从而提高企业知名度，塑造企业的良好形象。

（2）公益性公关表现为企业举办各种公益性、赞助性活动。公益性公关以关心人的生存发展、关心社会进步为出发点，旨在塑造使客户认同的企业形象，从而促进企业的产品和服务销售。

（3）宣传性公关是指企业利用各种宣传途径、宣传方式向大众宣传自己，从而形成社会舆论，提高企业知名度。

3．销售推广

销售推广是指企业利用短期诱因，刺激客户购买产品或服务的一种促销活动，其手段主要包括免费试用、免费服务、优惠券等。

（1）免费试用是企业吸引客户并促使客户购买产品的有效方式。企业提供免费试用服务，可以打消客户对产品质量的顾虑或对产品效用的怀疑，从而促使客户下定决心购买产品。

（2）免费服务是指企业为客户提供的免费送货上门、免费安装、免费调试等附加服务，其能够减少客户的担心，吸引客户购买产品。

（3）优惠券是企业给予客户的减价凭证，其对价格敏感的客户有很强的吸引力。

典型案例

洗发水的广告营销

某著名洗发水企业称"没有打不响的品牌"，事实也是如此。该企业每年至少推出一个新品牌，尽管其推出的产品价格为当地同类产品价格的 3～5 倍，但并不阻碍其成为畅销品。该企业开拓市场最常用的武器就是广告了，该企业的广告极具说服力。它的电视广告惯用的公式是"专家法"。"专家法"是指在广告中先指出客户面临的问题，比如头痒、头屑多等，接着便有一个权威的专家来告诉客户，这些问题可以解决，那就是使用去屑洗发水，最后展示产品效果，吸引客户购买。

二、推销导向的开发策略

推销导向的开发策略是指企业通过人员推销的形式，引导或劝说客户购买产品或服务，从而将目标客户开发为现实客户的过程。

企业在实施推销导向的开发策略时，首先要能够找到客户，其次要想办法接近客户，最后要想办法说服客户采取购买行动。

（一）寻找客户

寻找客户是推销产品或服务的起点。企业不能盲目寻找客户，而应掌握并运用正确的方法。常用的寻找客户的方法有以下几种。

1. 地毯式访问法

地毯式访问法，又称"直接访问法"或"逐户访问法"，是指推销人员根据产品的特点和用途，在特定区域或活动范围内寻找目标客户的一种方法。例如，去居民区推销厨房用品，去医院、诊所和药店推销药品，去学校、书店和辅导机构推销辅导教材，等等。

地毯式访问法的优点如下：一是有利于宣传企业的产品或服务，提高企业的知名度；二是便于推销人员对市场进行调查，以全面客观地了解客户的需求。

地毯式访问法的缺点如下：一是对推销人员的能力要求较高；二是容易使客户产生戒备心理，不利于推销活动的开展。

一般来说，推销人员采用此法成功开发客户的数量与走访的人数成正比。因此，要想开发更多的客户，就需要访问更多的人。

2. 资料查询法

资料查询法是指推销人员通过收集、整理、查阅各种现有的信息资料来寻找目标客户的一种方法。一般来说，根据获取途径的不同，可将推销人员查询和参考的资料分为内部资料和外部资料。

资料查询寻找法的优点如下：能够较快地了解市场需求和目标客户的情况，且成本较低。

资料查询寻找法的缺点如下：有些资料较为陈旧，时效性较差。

管理视野

可供查询的资料来源

（1）公司或机构的官网。

（2）团体会员名册，如刊物订阅者的名册、协会会员名册、股份公司的股东名册、行业的公司名册、工商企业名录等。

（3）税收名册，如纳税记录、纳税排行榜等。

（4）报纸、杂志等媒体。

---

3. 链式引荐法

链式引荐法，又称"连锁介绍法"或"客户引荐法"，是指推销人员通过现有客户直接或间接的介绍来寻找目标客户的一种方法。

人与人之间有着普遍的交往与联系，大家的消费需求和购买动机常常相互影响，同一个社交圈内的人可能具有某种共同的消费需求。因此，推销人员只要取得现有客户的信任，就可以通过现有客户的介绍，找到其他客户。

链式引荐法的优点如下：一是可以避免推销的盲目性；二是能够有效减少目标客户对推销人员的戒备心理，从而提高推销的成功率。

链式引荐法的缺点如下：由于现有客户没有介绍新客户的义务，因此，客源不稳定。

4．中心开花法

中心开花法，又称"权威介绍法"，是指推销人员在某一特定的推销范围内取得一些具有影响力的中心人物的信任，然后在这些中心人物的影响和协助下，把该范围内的个人或组织发展成为客户的一种方法。

通常来说，这些中心人物的主张、见解、购买倾向或消费行为能对其他人产生示范作用。因此，从本质来讲，中心开花法是链式引荐法的延伸。

中心开花法的优点如下：一是节省了大量的时间和精力；二是能在短时间内迅速发展一大批客户；三是可以利用中心人物的名望和影响力提高企业的知名度和美誉度。

中心开花法的缺点如下：一是中心人物通常难以确定和接近；二是推销人员如果把全部希望寄托在中心人物身上，则会面临较大的失败风险。

5．人际关系网寻找法

人际关系网寻找法是指推销人员利用自身的人际关系来寻找目标客户的一种方法。每个人都有自己的人际关系网，如家人、邻居、同学、朋友、老师、同事等，这些都可以作为推销人员的目标客户。

人际关系网寻找法的优点如下：一是客户资源集中、稳定；二是可以有效减少客户的戒备心理，提高推销的成功率。

人际关系网寻找法的缺点如下：一是推销人员跟熟人之间谈生意，双方可能会产生利益纠纷，从而影响原本正常的人际交往；二是熟人客户可能会凭借与推销人员之间的私人交情，将利润空间压缩至最低。

6．电话寻找法

电话寻找法是指推销人员通过打电话或发短信的方式来寻找目标客户的一种方法。该方法适用于不便展示、示范性不强、主要通过语言描述进行推销的产品和服务，如电话套餐、保险服务等；也适用于对老客户进行回访或再次开发等情况。

电话寻找法的优点如下：成本较低，节约人力。

电话寻找法的缺点如下：一是电话沟通不容易获得客户的信任，易遭到拒绝；二是交谈内容较单一，无法形象地展现产品实体、图片等，从而影响了推销效果。

7．网络寻找法

网络寻找法是指借助互联网寻找目标客户的一种方法。近些年来，随着互联网技术的不断发展与完善，各种形式的电子商务和网络推销也开始盛行起来，许多企业都在利用互联网寻找目标客户。

网络寻找法的优点如下：一是在互联网上投放广告能根据需要及时、灵活地变更广告内容，可节省更多推销成本；二是不受时间、地点的影响，可以在更广范围内找到更多客户；三是可以让产品说明"声情并茂"，有助于吸引客户的注意力；四是采用了"推拉"结合的方式，既能推销产品又能提高品牌知名度，从而吸引有需求的客户。

网络寻找法的缺点如下：一是网络信息更新速度较快，会影响所检索到的客户资料的准确性；二是出于信息安全或其他重要原因，一些重要资料不会在网络上公开；三是推销人员在运用互联网这一现代化信息手段查找资料时，容易受到假情报的干扰。

8．委托助手法

委托助手法是指推销人员委托与目标客户有联系的人协助寻找目标客户的一种方法。

例如，汽车推销人员往往会请汽车修理站的工作人员当推销助手，当这些工作人员发现有车主打算弃旧换新时，就立即将他介绍给汽车推销人员。

委托助手法的优点如下：一是有推销助手的铺垫作用，可以提高推销人员的推销效率；二是可以利用推销助手的说服力量，扩大企业的社会影响力。

委托助手法的缺点如下：一是推销助手的人选难以确定；二是推销人员的绩效依赖于与推销助手的合作，因此，推销人员常常会处于被动地位。

9．竞争对手抢夺法

竞争对手抢夺法是指推销人员通过分析，找到竞争对手的薄弱点，然后运用各种竞争手段，如创新产品、免费培训、降低价格等，从竞争对手手中抢夺目标客户的一种方法。

竞争对手抢夺法的优点如下：目标明确，竞争对手的客户必然是企业所需要的客户。这种方法不仅能获得新的客源，还能有力地打击竞争对手，抢占市场份额。

竞争对手抢夺法的缺点如下：一是风险较大，如果争夺不成功，可能会被竞争对手反击；二是难度较大，花费的时间、精力成本较高；三是容易造成恶性竞争的局面，导致频繁发生价格战、资源战、广告战等现象。

（二）接近客户

接近客户是开发客户的一个重要步骤，做好这一步不仅可以拉近与客户的心理距离，还可以促成交易。推销人员在接近客户时既要自信、注重礼仪，又要不卑不亢，及时消除客户的疑虑，还要控制接近时间，不失时机地说服客户，达成交易。

1．介绍接近法

介绍接近法是指推销人员通过自我介绍或者他人介绍来接近目标客户的一种方法。这是最常用的接近方法之一，其目的是使客户能够对推销人员形成初步的认识。

（1）自我介绍。推销人员在采用自我介绍的方法接近客户时，可以先口头介绍自己的姓名、职务及拜访目的，让客户认识和了解自己，然后出示身份证、工作证、名片和公司营业执照等来进一步证明自己的身份，从而消除客户对自己身份的疑虑，建立初步的信任。

（2）他人介绍。推销人员如果与客户不够熟悉，但是认识那些与客户关系密切的人，就可以请这些人向客户引荐自己。引荐的方式通常包括写介绍信、打电话、发邮件或当面介绍等。这种接近方法能够使客户因为中间人的关系而对推销人员产生一定的信任感，从而愿意给予推销人员接近机会。

> **典型案例**
>
> ## 推销人员的信
>
> 某著名推销人员在做推销保险业务时，探索出一种推销保险的新方法。他为自己制作了一份介绍信，信的内容都是提前写好的，但收信人的具体称呼和发信人的签名处都是空着的。他无论走到哪里，都会随身携带一些这样的介绍信，介绍信的内容如下。
>
> 亲爱的×××：
>
> 我觉得您应该认识一下这位推销人员。在我看来，他是这里最好的保险推销员之一。我非常信任他，他的任何建议我都会毫不犹豫地接受。可能您现在还没有买保险的打算，但我觉得您应该和他见上一面，听听他为您提出的一些非常有价值的建议。我相信，这对您和您的家人都会有很大的好处。
>
> 您的朋友：×××
>
> 有一次，这位推销人员的一个建筑行业的朋友竞标成功，接到了一个很大的工程项目。他在报纸上看到了这个消息后，立即来见这位朋友。
>
> 这位推销人员来到朋友的办公室，高兴地说："祝贺你呀！我刚从报纸上得知你接手了×××工程。你是如何拿到这个项目的呢？"于是，朋友便对他讲述起得到这个工程的全过程。听完之后，这位推销人员说："为了竞标成功，你肯定找了一些工程分包商吧，而且你应该已经把工程的某些部分交给他们来施工了，对吗？"
>
> 听到朋友肯定的回答之后，这位推销人员拿出了提前写好的介绍信对他说："我想拿着这些信去拜访那些分包商，你能在上面签名吗？"
>
> 朋友愉快地答应了，毫不犹豫地在信的开头处填上了那些分包商的名字，并签上了自己的名字。然后，这位推销人员拿着签过名的介绍信分别去拜访那些负责水管安装、暖气安装、油漆涂刷等工程的分包商。
>
> 在这位推销人员的推销生涯中，他通过这种方法，成功地找到了许多客户，而且在接近客户时很少被拒绝。

2. 问题接近法

问题接近法是指推销人员通过向客户提问或与客户讨论问题来接近目标客户的一种方法。一个推销高手应该是一个很好的提问者，这样才能真正地抓住客户需求。

在实际的推销活动中，问题接近法可以单独使用，也可以和其他方法搭配使用。推销人员可以先提出一个问题，然后根据客户的回答内容再进一步提出一些其他问题，也可以通过向客户提问事先设计好的一组问题来引起客户的注意，并逐步引导客户思考，直至达到成功接近客户的目的。

管理视野

学会向客户提问

按照客户的表达方式，客户需求可以分为有声需求和无声需求。有声需求是指客户能够准确或相对准确地表达出来的需求；无声需求是指客户习惯性的默认需求，或者受个人认知能力和表达能力的限制而表达不出来的需求。

了解客户无声需求最好的方法就是提问。一般来说，用来了解客户无声需求的问题可以分为两种类型，一种是封闭式问题，另一种是开放式问题，具体如表 3-1 所示。

表 3-1 提问的问题类型

问题类型	定义	优点	例句
封闭式问题	封闭式问题一般只能用"是"或"不是"、"对"或"错"、"买"或"不买"等来回答	推销人员采用封闭式问题可以有意识地将客户引导至自己期望的方向，并有效控制问题的讨论时间	（1）"对于产品的使用效果，您还满意吗？" （2）"这是我为您制订的保险设计书，您看合适吗？" （3）"您难道不希望有一份可靠的生活保障吗？" （4）"您是否考虑过子女今后的教育问题？"
开放式问题	开放式问题比较笼统、概括，客户一般无法直接用"是"或"否"来回答，需要自由发挥	推销人员采用开放式问题能引导客户说出自己的想法，以便从中提取有效信息，了解客户的兴趣和需求	（1）"怎么样"或者"如何"，例如，"您是怎样应对这些问题的？""我们怎样做，才能满足您的要求？" （2）"为什么"，例如，"能不能告诉我，您为什么拒绝我们的产品呢？" （3）"什么"，例如，"您还有什么建议吗？" （4）"哪些"，例如，"您对我们的服务还有哪些看法？"

值得注意的是，与"提问"同样重要的是"倾听"。除了要善于提问，推销人员还要善于倾听，这样才能真正接近客户。

3. 赞美接近法

赞美接近法是指推销人员利用客户喜欢被赞扬与认可的心理，通过赞美客户来接近目标客户的一种方法。

喜欢受到赞美是人们的共性。适当的赞美能够满足客户内心潜在的受尊重需求，有助于拉近与客户之间的距离。当然，赞美绝不是简单的奉承，推销人员对客户的赞美一定要出自真心，并且要把握好分寸。推销人员在赞美客户时要态度诚恳，语气真挚，并且要尊重事实，点到为止，切忌夸大其词，虚情假意，以免引起客户的反感。

> 　　吴先生刚购置了一套新房，需要采购一批地砖。一天，他进入一家地砖店内，在一款地砖面前驻足了很久，推销员小李见状走过来对吴先生说："您的眼光真好，这款地砖是我们公司的主打产品，也是近几个月卖得最好的一款产品。"
>
> 　　吴先生听了暗自窃喜，马上问道："多少钱一块啊？"
>
> 　　小李说："折后价格是150元一块。"
>
> 　　吴先生说："有点贵，还能再便宜点吗？"
>
> 　　小李说："您家是在哪个小区？"
>
> 　　吴先生说："丽景溪城。"
>
> 　　小李说："这是一个很不错的楼盘啊，听说小区的绿化面积很大，而且室内的格局也非常好。买这么好的房子，我看您肯定不会在乎多添几个钱买一款高品质的地砖，而且我们近期正在针对丽景溪城和丽景蓝湾这两个小区做促销活动，您现在买还能享受团购价。"
>
> 　　吴先生说："可是我现在不能提货，因为还没拿到房子的钥匙。"
>
> 　　小李说："您要是现在提货还无法享受优惠呢，按规定要达到20户以上才能享受优惠，今天加上您这一单才16户，还差4户。不过，您可以先交定金，我给您标注上团购，等您能提货了，我再安排人给您送货，您看行吗？"
>
> 　　吴先生听了觉得很满意，便交了定金。
>
> 　　**小李采用了哪种推销接近方法？这种方法有什么好处？**

4. 馈赠接近法

　　馈赠接近法是指推销人员通过向客户馈赠一些小礼品来引起客户的注意，进而接近目标客户的一种方法。推销人员在使用馈赠接近法接近客户时，要注意以下几个问题。

　　（1）推销人员在选择馈赠品时，要了解客户的爱好和需求，尽量择其所爱，送其所需。

　　（2）保证馈赠品具有优良的品质，但价格不宜过高。

　　（3）保证馈赠品符合国家有关规定，绝不能假借馈赠之名向客户行贿。

5. 求教接近法

　　求教接近法是指推销人员通过虚心向客户请教问题来接近目标客户的一种方法。这种方法体现了尊重客户、满足客户心理需求的推销思路，在实际应用中的效果较好。

　　推销人员向客户请教的问题可以是与产品相关的问题，也可以是与产品无关的问题。例如，"×××教授，您是电子产品方面的专家，您看看我厂研制投产的这类电子设备与其他同类产品相比，有哪些竞争优势呢？""我是这方面的新手，所以想请您在这方面给一些指导意见。"

　　不论请教哪种问题，推销人员都应事先认真策划，将问题与推销活动有机结合起来。

在求教过程中，推销人员要做到态度诚恳、谦虚，并且要多听少说，注意分析客户的讲话内容，以便从中寻找推销机会。

管理视野

巧记"接近客户"的方法

介绍取信任，产品亮优点。

利益博关注，问题引共鸣。

赞美勿虚伪，馈赠应适宜。

求教要真诚，推销不心急。

（三）说服客户

找到并成功接近客户并不等于能够成功地开发客户，开发客户还需要一个说服客户的过程。

1. 传递产品信息

推销人员应利用产品本身的特点来说服客户。推销人员在说服客户的过程中，可以着重向客户介绍产品的独特之处，并加以生动、准确的演示，也可以请客户亲自试用产品，让客户全方位地感受产品的与众不同之处。客户只有对产品的性能、用途、质量、价格、服务及生产情况等产生比较清晰的认识，才能产生购买兴趣，做出购买决策。

头脑风暴

小张最近在推销一款专门用来清洗地毯污渍的清洁剂。有一天，她来到了一个居民区，敲开了一户人家的门，准备向这家的女主人推销这款清洁剂。然而这位女主人表示自己很忙，并且对清洁剂也不感兴趣，让小张到别家问问。

这时，小张说："女士，您别急，您不买没有关系的，我只是想告诉您，现在市场上已经有了这种专门用来清洗地毯污渍的清洁剂，您家地毯如果有难以清除的污渍，我可以免费帮您清洗。"

女主人思考了一番，想到了书房的地毯上有孩子画画时留下的墨渍，就说："那块墨渍很顽固，我试过很多种清洁剂都没有用，你看看能不能帮我清洗掉吧。"小张乐呵呵地说："好的，非常感谢您给我这个机会，我马上为您解决问题。"

来到书房后，小张拿出自己随身携带的清洁剂，先往墨渍上倒了一些，过了十几秒钟用毛巾一抹，地毯上的墨渍就不见了。女主人很吃惊，当下就向小张买了十瓶清洁剂，并且表示要向自己的亲朋好友推荐这款神奇的清洁剂。

小张向客户传递了哪些产品信息，又是如何说服客户购买清洁剂的？

2．展示客户利益

推销人员应强调产品能为客户带来的实际利益与好处，以此来说服客户。客户之所以会购买产品，是因为该产品能够给客户带来某一方面的利益或好处，满足其物质上或精神上的需求。因此，在说服客户的过程中，推销人员应当在说明产品特点的基础上，将产品的特点转换成能够满足客户某种需求的利益点，使客户能够充分认识到产品的使用价值，从而有效激发客户的购买欲望，促成购买行为的实现。

3．及时处理客户异议

在说服客户的过程中，客户难免会提出一些问题，如对产品、服务和交易条件等存在异议。推销人员要及时解答客户的疑问，妥善处理客户异议，这样才能打消客户的疑虑，取得客户的信任，促使客户尽快做出购买决策。

推销人员在处理客户异议时，首先应尊重客户，认真倾听客户问题；其次应正确对待客户异议，并认真分析客户异议；最后在回答异议时要简明扼要、条理清晰，避免将个人思想强加于人，更不能与客户发生争吵，以免造成交谈僵局。

管理视野

如何辨别客户异议的真假

推销人员应当用心辨别客户异议的真假，透过现象看本质，寻找异议背后的真实原因，这样才能有效化解异议。推销人员可以采用以下几个方法辨别客户异议的真假。

（1）反问法。反问法是指推销人员根据客户所提异议来反问客户，让客户自己解答其提出的异议。例如，客户说："你们的售后服务不行，我不打算买你们的产品。"推销人员可以问客户："那您觉得什么样的售后服务您能满意呢？"如果客户提出了具体的要求，那么这个异议就是真实异议。

（2）假设法。假设推销人员能够圆满解决客户所提异议，从客户能否做出购买决定可以判断客户的异议是否真实。例如，客户说："你们的产品太贵了。"推销人员可以问："如果我申请给您打八五折，您是不是就买了？"如果客户的回答是肯定的，那么这个异议就是真实异议。

（3）证明法。当客户对产品的性能和技术指标等提出异议时，如果推销人员的回答不足以使客户信服，就可以采用证明法，如拿出国家权威机构的检测报告，或者邀请客户到工厂实地考察等。如果客户在十分可靠的证明前仍不满意，那么很可能还有其他隐情。

（4）引导法。该方法建立在推销人员对客户有一定了解的基础上。推销人员顺着客户的心理提出相关问题，尝试引导客户讲出真心话。例如，客户虽然提出了一大堆看似关心产品的异议，但其可能是为了掩饰资金紧张，推销人员可以询问客户："您提出异议是不是因为贵公司最近资金比较紧张，对于购买这些设备存在一定的压力呢？"若客户能讲出真心话，推销人员便可顺势了解真实原因，那么就有希望促成交易。

4．促使客户采取购买行为

推销的最终目的是说服客户采取购买行为，因此，推销人员应把握时机，向客户提出成交请求，努力促使客户购买产品或服务。

客户由于选择机会较多，难免会犹豫不决，出现反复行为，甚至会产生复杂的心理冲突。因此，在说服客户的过程中，推销人员必须准确把握客户的心理冲突，站在客户的角度，有理有据地为他们分析利弊，并适当地加以情感刺激，以强化客户的购买欲望，促使客户采取购买行为。此外，推销人员还要善于观察客户的言行，捕捉各种购买信号，及时促使客户做出购买决策。

典型案例

错失时机，痛失大单

小徐是雄立配件厂的推销员，他非常勤奋，沟通能力也不错。前不久，公司研发出了一种新型配件，其性能较过去的产品有很大提高，价格也很合理。小徐立刻联系了几位老客户向他们推销。

其中一家企业的采购部经理表现得十分热情，反复向小徐咨询新型配件的详细情况。小徐耐心解答，双方聊了两个多小时，聊得十分愉快，但小徐并没有向对方提出成交请求。他想，对方对产品了解得还不透彻，应该再多接触几次。

几天之后，小徐再次和对方联系，介绍了上次遗漏的一些产品优点，对方很高兴，又就价格问题和小徐仔细商谈了一番，最后表示一定会购买。为了进一步巩固客户的好感，小徐仍没有提出成交请求。不过小徐心想："这笔单子十拿九稳了。"

但过了一个星期，对方的购买热情突然降低了。再后来，对方还发现了产品的几个小问题，再没有表现出购买意向。如此拖了近一个月，这笔看似即将到手的单子竟然就这样"黄"了。

小徐为什么失败了，是缺乏毅力、沟通不当，还是新产品缺乏竞争力？其实都不是，最主要的原因在于小徐没有把握好成交的时机，没有及时向客户提出成交请求。

知识试练

一、不定项选择题

1．功能需求不包括（　　）。

    A．主导功能需求　　　　　　　　B．价值需求

    C．辅助功能需求　　　　　　　　D．兼容功能需求

2．企业可以通过（　　）识别潜在客户的需求。

A．深度访谈法　　　　　　　　B．研究竞争对手法

C．体验中心法　　　　　　　　D．数据挖掘法

3．在选择目标客户时，企业可以参考的指导思想有（　　）。

A．选择与企业定位一致的客户　　B．选择有潜力的客户

C．选择优势匹配的客户　　　　　D．选择大客户

4．企业可通过有吸引力的（　　）将目标客户开发为现实客户。

A．产品策略　　　　　　　　　　B．价格策略

C．分销策略　　　　　　　　　　D．促销策略

5．企业开发客户的策略可分为（　　）的开发策略。

A．营销导向　　　　　　　　　　B．客户导向

C．推销导向　　　　　　　　　　D．产品导向

二、判断题（正确的打"√"，错误的打"×"）

1．企业可以把所有的购买者都视为自己的客户。　　　　　　　　（　　）

2．好的包装能够吸引客户的视线，引起或加强客户的购买欲望。　（　　）

3．广告可以大范围地进行信息传播，起到提高产品或服务的知名度、吸引客户和激发客户购买欲望的作用。　　　　　　　　　　　　　　　　　　　　　（　　）

4．企业可以利用客户的求新、求奇的心理，将新产品价格定高一些。　（　　）

5．推销导向的开发策略是客户开发策略中最理想的途径。　　　　（　　）

三、简答题

1．如何识别潜在客户的特征？

2．如何寻找目标客户？

四、案例分析题

中旅旅游集团的定制业务

中旅旅游集团目前推出了定制业务，以满足中高收入水平消费者对旅游和服务的个性化需求。中旅旅游集团根据客户需求提供一对一咨询、个性化定制和全行程管家式服务，探索并研发新颖的、全方位的服务产品，注重深度体验为旅游者带来的满足感，以健康养生、高端研学、兴趣爱好和人生重要时刻等生活场景为切入点，为旅游者打造一种独特的生活方式。

定制旅游的目的地覆盖南北极在内的七大洲，包含"淳智"——菁英教育、"淳行"——兴趣爱好、"淳合"——人生仪式、"淳逸"——健康管理四大产品体系及"淳 life"会员

俱乐部，为身处于不同人生阶段的客户提供独具一格的旅行体验。其中，"淳合"系列——情定紫禁定制婚礼是中旅旅游集团研发的新产品，从场地选择、婚纱照拍摄、中式礼服定制、婚庆公司选择、酒店婚宴预订、婚车线路、伴手礼制作和甜品搭配等，每一处细节都尽显中国文化特色，以婚礼为契机，将文化、商业和旅游相结合。

（资料来源：《旅行社业务》，中国旅游集团官方网站）

结合所学知识回答以下问题：

中旅旅行是如何开发中高收入水平消费者的？谈一谈你受到的启发。

笃行致远

表演开发客户情景剧

〔实践描述〕

通过客户关系管理交流会上的案例，大家能够学会如何识别、选择和开发客户。请以小组为单位，表演开发客户情景剧。

〔实践目的〕

能够识别客户，掌握客户开发策略。

〔实践分组〕

全班学生以 9 人为一组进行分组，各组选出组长并进行任务分工，将小组成员及分工情况填入表 3-2 中。

表 3-2　小组成员及分工情况

班级		组号		指导教师	
小组成员	姓名	学号		任务分工	
组长					
组员					

〔实践过程〕

（1）两人模拟设立一家公司（可参考大疆公司或招商银行），设计本公司的产品，并将设计的内容填写在表 3-3 中。

表 3-3　模拟公司基本情况

公司名称	
主要产品	
产品基本情况及特点	
预测目标客户的特征	

（2）两人作为该公司的业务员，设计开发目标客户的策略，并填写表 3-4。

表 3-4　开发策略具体内容

开发客户的策略名称	
开发策略的具体内容	

（3）四人作为该公司的目标客户，设计每位客户的消费偏好、消费需求等，并填写表 3-5。

表 3-5　客户特征

客户 1	
客户 2	
客户 3	
客户 4	

（4）一人设计开发客户的剧本，并组织排练情景剧。

（5）在班级里表演开发客户情景剧。

（6）将实践过程中遇到的问题、解决方法、心得感悟等记录到实践笔记记录表（见表 3-6）中。

表 3-6　实践笔记记录表

问题记录	（1）_____ _____ _____ （2）_____ _____

（续表）

解决方法	（1）＿＿＿＿＿＿＿＿＿＿＿＿＿＿＿＿＿＿＿＿＿＿＿＿＿＿ ＿＿＿＿＿＿＿＿＿＿＿＿＿＿＿＿＿＿＿＿＿＿＿＿＿＿＿＿＿＿ （2）＿＿＿＿＿＿＿＿＿＿＿＿＿＿＿＿＿＿＿＿＿＿＿＿＿＿ ＿＿＿＿＿＿＿＿＿＿＿＿＿＿＿＿＿＿＿＿＿＿＿＿＿＿＿＿＿＿
心得感悟	（1）＿＿＿＿＿＿＿＿＿＿＿＿＿＿＿＿＿＿＿＿＿＿＿＿＿＿ ＿＿＿＿＿＿＿＿＿＿＿＿＿＿＿＿＿＿＿＿＿＿＿＿＿＿＿＿＿＿ （2）＿＿＿＿＿＿＿＿＿＿＿＿＿＿＿＿＿＿＿＿＿＿＿＿＿＿ ＿＿＿＿＿＿＿＿＿＿＿＿＿＿＿＿＿＿＿＿＿＿＿＿＿＿＿＿＿＿

〔实践考核〕

各组表演情景剧，并配合指导教师填写考核评价表（见表3-7）。

表3-7　考核评价表

项目名称	评价内容	分值	评价分数		
			自评	互评	师评
知识技能评价（30%）	掌握开发客户的基本理论知识	15			
	能够灵活制订开发客户的策略	15			
素养评价（30%）	具备团队精神，积极与他人合作	10			
	按时、认真地参加实训任务	10			
	具备独立思考的能力	10			
成果评价（40%）	声情并茂，语言清晰、流畅	15			
	表演自然，现场气氛活跃	10			
	思路清晰，灵活应对	15			
合计		100			
总评	自评（20%）+互评（20%）+师评（60%）=		教师（签名）：		

明德博学

小蜜橘，大格局

"你们为国家服务，我捐一箱蜜橘给你们。帮不了国家什么大忙，遇到事情了就想着出点力。"2021 年 11 月，一段浙江大学某学生与网购平台蜜橘商家的聊天记录在网上引起了热议。商家在得知大学生购买蜜橘是用于科学研究后，表示愿意捐赠一箱蜜橘，用于支持同学们的科研实验。聊天记录曝光后，同学们纷纷下单支持商家，网友们也为同学和商家之间的善意互动点赞。

这位蜜橘商家是浙江省台州市涌泉镇的一位"95 后"青年，他经营的网店由他和妻子两人打理，两人一起打包、发货，是小本生意。这位"95 后"青年，不是奋斗在科研一线的研究者，不是冲锋在抗疫一线的救援者，也不是驻守在祖国边疆的兵哥哥，却是千千万万普通人的缩影：用自己的方式，尽自己的所能，热爱着、支持着祖国的发展。

该蜜橘店在网络走红后，橘子订单剧增，导致供不应求。店主决定为家乡的父老乡亲们"直播带货"，借这波热度，帮助邻里乡亲推销蜜橘。据统计，2021 年 11 月 14 日晚，该店的直播间观看人数突破 400 万，全村 240 万千克蜜橘全部售光。小人物有大能量，这位蜜橘商家用质朴、善良的心，温暖了邻里乡亲，感动了无数网友。大家因感动而下单的善意，汇聚成了带动村民致富的力量。

有一分热，发一分光。人民有信仰，民族有希望，国家有力量。每个人用力所能及的方式爱我们的国家，支持我们国家的发展，我们迈向民族复兴的步伐将充满坚实的力量，我们的社会主义现代化建设将焕发蓬勃的生机。

（资料来源：王明玉，《小蜜橘 大格局》，《湖南日报》2021 年 11 月 17 日，有改动）

井然有序

——客户信息管理

模块导读

客户信息是企业客户关系管理的基础。通过管理和分析客户信息，企业可以将客户信息应用于产品设计、销售和服务中。

随着互联网与信息技术的发展，企业对客户信息管理的要求越来越高。企业只有不断提升自身的客户信息管理能力，才能在发展中做到以客户为中心，进而改善客户关系，提高企业竞争力。

本模块主要介绍了客户信息的相关知识，以及如何进行客户信息管理。

素养目标

（1）培养缜密的数据思维，并善于运用数据思维解决实际问题。

（2）培养敬畏规章、敬畏职业的职业操守。

知识目标

（1）了解客户信息的类型、重要性及管理形式。

（2）掌握客户信息管理的相关内容。

技能目标

（1）能够利用不同渠道收集客户信息。

（2）能够对客户信息进行整理与分析。

任务一　知晓客户信息

任务导入　啤酒与尿布

　　某大型商超周经理在客户关系管理交流会上分享了该商超利用客户信息制订销售策略的案例。周经理说："众所周知，啤酒是成年男子的杯中物，尿布是婴儿的必需品，喝啤酒的人是不戴尿布的，戴尿布的人也不可能喝啤酒。啤酒与尿布看似难以发生商业联系，但两者的消费时间和消费主体竟有着惊人的相似性。

啤酒与尿布

通过分析客户消费信息，我们发现了其中的秘密。一般来说，太太们经常会嘱咐她们的丈夫下班后为孩子买尿布，而丈夫在买完尿布后总是要顺带给自己拎上几罐啤酒。"

　　周经理接着说："我们随即采取了行动，将原本分散在两层的啤酒和尿布集中摆放在一层进行销售。这样不仅节省了客户的采购时间，还提升了啤酒和尿布的销量。此外，我们还主动向有新生儿的家庭提供送货上门服务。如此一来，超市的销售额同比增长了30%。由此可见，每一个独到的商业发现都有其对应的市场价值。"

请思考：该大型商超是如何利用客户信息提升销售额的？

一、客户信息的类型

　　客户信息是指有关客户购买行为的一切相关信息，包括客户的基本资料、购买产品或服务的记录等。客户信息能为企业提供包括有形物品、服务、人员、地点、组织等大量信息。

　　一般情况下，客户信息可分为描述性信息、促销性信息、交易性信息、关联性信息四类。同时，客户信息又可从个人客户和企业客户的角度进行区分。

客户信息

（一）描述性信息

　　描述性信息，即"客户是什么人"，主要是指客户最基本的信息。这类信息大多是描述客户基本情况的静态信息，相对容易收集。从个人客户和企业客户的角度而言，个人客户信息包括个人的姓名、性别、年龄、联系方式等，企业客户信息包括企业的名称、规模、联系人、法人代表等，具体内容如表4-1所示。描述性信息对企业产品或服务的设计有着

重要影响。例如，企业可以先从客户信息中了解客户的男女比例，然后再据此设计具有针对性的产品或服务。

表 4-1　描述性信息

客户类型	信息类型	详细信息
个人客户	基本信息	姓名、性别、年龄、联系方式、地址、工作类型、收入水平、婚姻状况、家庭成员情况等
	信用信息	信用卡、信贷额度等
	行为爱好信息	生活方式、兴趣爱好、消费偏好等
企业客户	基本信息	公司名称、营业地址、公司规模及所处行业；公司主要联系人姓名、职位及联系方式；法人代表等
	行为信息	银行账号、信贷额度、付款与还款情况、消费能力、消费偏好、与其他竞争对手的联系情况等

知识贴士

由于一些基本信息（如地址、收入等）会涉及客户隐私，因此，企业在收集客户基本信息时，既要注意保护客户的隐私，又要注意客户信息的准确性。

（二）促销性信息

促销性信息，即"企业曾对客户做过什么"，主要是指企业曾经为客户提供产品或服务的历史信息，包括促销活动的类型、促销活动的时间等，具体内容如表 4-2 所示。促销性信息为企业后续开展促销活动提供了依据。

表 4-2　促销性信息

信息类型	详细信息
促销活动的类型	降价促销、电话促销、业务推广促销、网络促销等
促销活动的内容	促销活动的具体内容，如参与促销活动的员工、发放礼品的形式等
促销活动的渠道	电视、报刊、广播、网络等
促销活动的时间	年、月、日、时、分
促销活动的意图	简单说明企业开展促销活动的目的，如提高销量、提升知名度等
促销活动的成本	促销活动所消耗的人力、物力和财力

（三）交易性信息

交易性信息，即"客户曾经做过什么"，主要是指反映客户消费全过程的信息，包括购买记录、购买频率等，具体内容如表 4-3 所示。交易性信息为企业制订改善产品和服务

的策略提供了依据。例如，企业可以根据客户反映的产品质量问题，制订改善产品质量的方法，从而提高产品质量。

表4-3　交易性信息

信息类型	详细信息
购买产品记录	购买记录、购买频率、购买数量、购买金额、购买种类、购买途径等
产品售后与服务	售后服务内容、对产品或服务的评价、反馈的问题、要求退换货的记录等

（四）关联性信息

关联性信息，即"客户接下来会怎么做"，主要是指反映或影响客户消费行为与消费心理的信息，包括客户满意度、客户忠诚度、客户流失倾向等。企业可以通过关联性信息了解客户的消费行为与消费心理，以便制订合适的客户关系管理策略。

典型案例

京东利用客户信息为客户推荐书目

随着互联网的发展，很多人都开始在网上购买图书。作为国内网上图书销售平台之一，京东总是能够为客户提供快捷、方便的服务。

客户只要在京东购买过一次图书，其通信地址、收件人、公司发票抬头等信息都会被网站安全储存。当客户再次购买图书时，只需单击鼠标便可以自动完成后续的购买手续。

当客户在京东多次购买图书后，系统会自动记录其浏览记录，并根据这些记录生成客户所爱好的书目信息。当客户再次购买图书时，网站便会在识别其身份后，有的放矢地向其推荐新书。这样做既能够使客户感受到京东知道他们喜欢什么，又能够随着客户购买和浏览次数的增加，为其提供更好的推荐服务。

二、客户信息的重要性

"谁拥有客户，谁就拥有未来。"客户是企业的宝贵资源，在企业发展进程中的地位是毋庸置疑的。客户信息的重要性主要体现在以下几个方面。

（一）客户信息是企业决策的基础

企业必须全面、准确和及时地掌握客户信息，经过对其细致分析后从中提取有价值的信息，然后根据这些有价值的信息做出决策。例如，母婴店可以根据到店的孕妇数据开展有针对性的产品促销活动。

任何一个企业都是在特定的客户环境中经营发展的。如果企业对客户信息掌握不全面、不准确，那么企业决策就会出现偏差，进而出现客户关系破裂和客户流失的情况。

（二）客户信息是客户分级的基础

企业只有收集全面的客户信息，特别是客户与企业的交易信息，才能够知道自己有哪些客户，哪些客户是优质客户，进而根据客户带给企业的不同价值，对客户进行分级管理。

例如，某女装店铺根据客户消费情况判断每位客户的消费能力，把客户分为普通会员、高级会员、VIP 会员、至尊会员等级别，并根据不同级别采取不同的服务方式及促销方式。

（三）客户信息是沟通客户的基础

企业拥有准确和完整的客户信息，不仅有利于企业了解客户、接近客户、说服客户，还有利于企业与客户进行一对一的沟通，从而根据每位客户的不同特点进行有针对性的服务或营销活动，如发送邮件、精准投放广告等，在降低营销成本的同时提高成交率。

典型案例

友谊的桥梁

中原油田销售公司设计了统一的"客户基本信息"表格并分发给各个加油站，该表格的内容包括司机的姓名、性别、出生年月、家庭住址、联系方式、个人爱好、车型、车号、单位、承运类型、车载标准、动力燃料、油箱容量、主要行车线路、加油记录等。通过这些信息，中原油田销售公司建立了客户信息库，不仅便于加油站员工向客户提供更贴心的服务，还架起了加油站与客户之间友谊的桥梁。例如，加油站每天会从客户信息库中调出当天过生日的客户，向其提供加油打折的优惠活动。

（四）客户信息是客户满意的基础

企业要满足客户的需求、期待和偏好，就必须全面了解和掌握客户的需求特征、交易习惯、行为偏好等信息，这样才能有针对性地为其提供个性化的产品或服务，从而提高客户满意度。与此同时，高满意度无疑会带动新一轮的消费行为，使企业的客户信息进入良性的价值实现过程中，不断为企业创造收益。

例如，某企业按照客户需求进行产品设计与生产，不仅满足了客户对产品数量方面的要求，还满足了客户对产品质量、颜色、样式等方面的要求，从而大大提高了客户满意度。

 管理视野

高质量客户信息的评判标准

所谓高质量客户信息，即能够满足企业决策者使用要求的客户信息。具体来说，高质量客户信息的评价标准有以下四点，这也是对企业在获取客户信息时的具体要求。

（1）准确性。准确性是对客户信息质量的最基本要求。客户信息准确性的提高，一是要求企业尽量保证与客户交流的准确性，二是要求企业学会利用相关工具仔细核对信息。需要注意的是，信息的准确性是客观的、相对的，只能反映一部分信息现状，而不能反映全部信息现状，有时也会存在一定的偏差。

（2）有效性。客户信息有效性越强，信息就越有价值，对企业战略规划越有帮助。因此，企业在获取客户信息时应检查信息的有效性，避免获取不符合条件和错误的客户信息。

（3）时效性。客户信息的时效性决定了信息分析的速度。例如，企业如果能够及时掌握客户对产品或服务的抱怨信息，就可以立即分析原因，制订改进方案，做出行动，从而消除客户的不满。

（4）完备性。客户信息既要完备、全面、符合逻辑，又不能冗余，如客户的出生年月和年龄信息不需要同步采集。

三、客户信息的管理形式

客户信息的管理形式一般有客户名册、客户资料卡和客户信息库。

（一）客户名册

客户名册是指有关客户情况的综合记录，由客户登记卡和客户一览表组成。其中，客户登记卡主要记载客户的基本信息；客户一览表则是根据客户登记卡简单而综合地排列出客户名称、地址等内容的表单。

（二）客户资料卡

客户资料卡通常可分为潜在客户资料卡、现实客户资料卡和流失客户资料卡三类。潜在客户资料卡是一种对潜在客户信息进行记录的资料卡，其内容主要是客户的基本信息；现实客户资料卡是一种对现实客户信息进行记录的资料卡，其内容包括客户的基本信息和交易信息；若客户不再产生购买行为，企业就会将其资料卡转为流失客户资料卡。

（三）客户信息库

客户信息库是随着计算机及信息技术的发展而出现的一种客户信息管理形式。客户信息库实际是对客户信息的建档管理，即通过计算机记录并存储客户的各项信息，并不断更新、完善客户档案资料，将销售、市场营销与客户管理连接起来，进而维护和加强企业与客户之间的联系。

1. 客户信息库的内容

完备的客户信息库是企业的宝贵财富，对企业决策的制订有着重要作用。一般来说，客户信息库包括以下三个方面的内容。

（1）客户原始信息：即客户基础性信息，它往往是企业获得的关于客户的第一手资料，如客户的基本信息、交易记录等。

（2）统计分析信息：即企业通过分析或向第三方购买等方式获得的关于客户的第二手资料，包括客户对企业的态度与评价、客户履约合同的情况与存在的问题、客户与其他竞争对手的交易情况、客户的经营状况、客户的信用状况等。

（3）企业投入记录：包括企业与客户进行联系的员工、时间、地点、方式，为客户提供的产品和服务记录，企业为争取和保持客户付出的成本记录等。

2. 客户信息库的作用

客户信息库是企业做好客户关系管理、获取竞争优势的重要手段和有效工具，其作用主要体现在以下三个方面。

（1）帮助企业制订恰当的管理策略。客户信息库不仅能够记录客户的最新信息，还能帮助企业分析出针对性强、保证客户稳定消费的管理策略。例如，某航空公司客户信息库中存有 80 万名客户的资料，这些人平均每人每年要搭乘该公司的航班达 13 次，占该公司总营业额的 65%。因此，该航空公司举行的促销宣传活动大都以这些客户为主要对象，并积极改进服务，满足他们的需求，使他们成为公司的忠实客户。

（2）帮助企业维系客户关系。致力于同客户保持紧密联系的企业认为，没有什么比拥有一批忠诚客户更重要，而且与寻求新客户相比，保留老客户更经济。企业运用客户信息库与客户保持联系，不仅可以维持和增强企业与客户的感情，还可以增强企业抵御外部竞争的能力。

（3）帮助企业实现信息统一共享。客户信息是企业内部各部门都需要的共同信息。如果一个企业的客户信息来源相对独立，那么这些客户信息可能存在重复、过时，甚至相互冲突的情况，这将对企业的经营产生负面影响。而客户信息库能够实现企业客户信息统一共享，将销售、市场营销、客户服务连接起来，帮助企业提高客户关系管理效率。

任务二 　施行客户信息管理

C **任务导入** ▶ 信用信息库助力乡村振兴

　　某农商银行郑经理参加了本次客户关系管理交流大会，在大会上分享了他们银行助力乡村振兴的战略。郑经理说道："乡村振兴，治理有效是基础。我行积极开展信用体系建设，以整村授信工程为抓手，有效提升金融服务乡村振兴的质效。具体措施有以下两方面。"

　　"一是突破重围，创新载体解难题。做精做细农户信息采集和信用信息库建设，综合运用数据平台，进一步了解农村地区的申贷获得率和信贷覆盖率。通过优化信贷流程、延伸营销渠道、实行贷款集中审查审批制度等一系列转型探索，我行进一步提升信贷精细化管理，进一步坚守'支农支小'服务定位。"郑经理继续说："二是巧妙借力，凝聚共识搭平台。我行加强同中国人民银行、监管部门、法院、市场监督部门、税务部门的合作，借助他们的力量和第三方数据平台，充分利用银行原始客户信息数据，整合政府部门的信息资源，进一步完善农户信用档案信息，探索构建更为完善的农户信用信息库平台，有效解决信息不对称的问题。"

　　（资料来源：唐柏平，《精耕"支农支小"主业　助力乡村振兴战略》，光明网，
2021 年 12 月 23 日，有改动）

请思考：该农商银行是如何管理农户信息的？

一、收集客户信息

　　收集客户信息是客户信息管理的第一步。要想建立一个成熟的客户信息库，企业需要有稳定、可靠的信息数据。因此，企业需要建立多渠道集成的客户信息收集平台，多方收集客户信息，为随后客户信息库的建立及客户信息分析提供数据支持。

影响企业获取有效
客户信息的因素

头脑风暴

　　假如你是中国联通负责校园业务的客户经理，你需要掌握哪些客户信息？如何获得这些客户信息？

（一）直接渠道

直接渠道，即直接收集客户信息的渠道，主要是指客户与企业直接接触的各种方式。从客户购买前的咨询开始到售后服务，包括处理投诉或退换产品，这些都是企业直接收集客户信息的渠道。

1. 在调查中收集客户信息

企业可以通过面谈、问卷调查、电话调查等方法获取客户的第一手资料，也可以借助仪器观察被调查客户的行为并加以记录，从而获取信息。

2. 在营销活动中收集客户信息

企业可以在营销活动中收集客户信息。例如，在企业发布广告后，潜在客户或目标客户看到广告后可能会与企业取得联系，企业一旦得到客户的回应，就可以把这些客户信息添加到客户信息库中。又如，在企业与客户的交易过程中，客户的询价、对产品细节的咨询、付款速度、争议处理情况等信息，不仅能反映客户的消费偏好和消费风格，也能反映客户关注的问题（即其对交易的态度）等信息，企业也可以将这些信息添加到客户信息库中。因此，企业与客户之间沟通交流所用到的诸多文件和文本都是客户信息的来源。

3. 通过商务谈判收集客户信息

企业可以通过商务谈判收集客户信息，如收集客户的经营状况、资本状况、信用状况及对本企业的态度等信息。

4. 在服务过程中收集客户信息

企业可以在服务过程中收集客户信息。服务过程是企业深入了解客户、联系客户和收集客户信息的最佳时机。在服务过程中，客户通常能够直接并且毫无避讳地讲述自己对产品的看法和期望，对服务的评价和要求，以及身边亲朋好友等其他客户的需求和购买意愿，信息量大、准确性高。

5. 通过网站和呼叫中心收集客户信息

企业可以通过网站和呼叫中心收集客户信息。随着电子商务的开展，客户习惯性登录企业网站了解相关产品或服务，企业可以通过客户访问网站进行注册的方式，建立客户档案；当客户拨打客服电话时，呼叫中心也可以将客户的来电信息记录在数据库内。由于网站和呼叫中心收集客户信息的成本较低，因此，通过网站和呼叫中心收集客户信息越来越受到企业的重视，其已经成为企业收集客户信息的重要渠道。

6. 从客户投诉中收集客户信息

企业可以对客户的投诉意见进行分析整理，建立客户投诉档案，完善客户信息库，从而为改进服务、开发新产品提供数据资料。

7. 通过博览会、展销会、洽谈会等收集客户信息

企业可以通过博览会、展销会、洽谈会等收集客户信息。由于博览会、展销会、洽谈

会的针对性强，客户群集中，因此，企业可以借此机会迅速收集客户信息，确认客户的购买意向。

 知识贴士

　　在收集客户信息的过程中，客户与企业接触的主动性越强，客户信息的真实性和价值就越高。例如，客户呼入电话中的投诉、请求帮助或抱怨所反馈的信息，就比呼叫中心呼出电话得到的信息价值高。

（二）间接渠道

　　间接渠道，即间接收集客户信息的渠道，主要是指企业从公开的信息中或通过购买获得客户信息的方式。

1．网络搜索

　　在互联网时代，网络是企业收集客户信息的必要手段。企业可以借助搜索引擎、企业网站等网络平台收集各种客户信息。这种渠道的优点是覆盖面广，包含的信息量大；缺点是网络信息的准确性和可参考性较低，企业在使用之前需要进行详细的筛选。

2．老客户

　　老客户是企业最具价值的资源，他们通常已经与企业形成了良好的互信关系，能帮助企业从客户的角度更加了解自身需求及其他客户的信息。因此，企业可以通过与老客户沟通，进一步收集其他客户信息。这种渠道收集来的信息比较具体、针对性较强、可参考性高，缺点是容易带有老客户的主观感情。

3．专业机构

　　有些专业的咨询公司或市场调研公司业务范围广、收集信息的速度快、信息准确，企业可以与这些专业机构进行合作，利用这个渠道对指定的客户进行全面调查，从而获得有效的客户信息。

4．其他渠道

　　企业不仅可以从战略合作伙伴、行业协会、工商行政管理部门等收集客户信息，还可以与同行业的某些不具有竞争威胁的企业交换客户信息。

 知识贴士

　　通过第三方获取客户信息时，企业一般无法完全获知信息来源的真实性，因此需要进行详细筛选，从而提高客户信息的真实性和价值。

　　总之，客户信息收集的渠道多种多样，企业在具体运用时需要根据自身的实际情况灵活选择，或者将不同渠道结合起来使用。

中国信保支持实体经济发展

中国出口信用保险公司（以下简称"中国信保"）是由国家出资设立、支持中国对外经济贸易发展与合作、具有独立法人地位的国有政策性保险公司。

中国信保在信用风险管理领域精耕细作，成立了专门的信用风险研究中心和资信评估中心。其资信数据库覆盖7 000万家中国企业、超过2亿家海外企业、4.5万家银行，拥有海内外资信信息渠道超过400种，资信调查业务覆盖全球所有地区及主要行业。

2020年新冠疫情发生后，中国信保迅速推出了多项政策措施，涵盖承保、理赔、融资、客户信息等诸多层面，全力帮助外贸企业纾困解难。例如，2020年2月，在接到北京市一家小微企业的求助信息后，中国信保连夜成立了专项工作组，在两个工作日内完成了客户资信调查、业务承保审批等一系列工作，帮助该企业从海外进口体温仪等防疫物资，抗击疫情。

（资料来源：冯浩，《中国信保出台十项措施强化疫情防控期间支持保障服务》，新华网，2020年2月19日，有改动）

二、整理客户信息

企业应根据自身发展目标对已收集的客户信息进行科学整理。具体来说，客户信息整理的实施包括以下两个步骤。

（一）客户信息筛选

企业收集到的客户信息一般比较分散，如客户抱怨、投诉之类的信息由售后部门掌握，客户的订单、购买频率、付款时间等信息由销售部门掌握，这些分散于不同部门的客户信息降低了企业掌握客户信息的完整性。此外，企业也不能保证通过多个渠道收集到的客户信息是完全正确的，而且从不同渠道收集到的关于同一个客户的信息有可能是完全不同的。

因此，企业运用各种方法收集到的客户信息并不能直接使用，而需要经过有效筛选后，整合成有价值的客户信息。

（二）客户信息收录

完成信息筛选后，企业需要将这些有价值的客户信息收录到客户信息库中。在收录客户信息的过程中，企业需要做到以下两点。

（1）给信息做好编码，便于信息的查找和处理。

（2）保证信息收录的准确性，既要保证信息来源的可靠性和真实性，又要保证信息收录过程的准确性。

三、分析客户信息

在将客户信息收录到客户信息库后，客户信息库能够帮助企业更快、更好地分析客户信息，从中找到有价值的线索。因此，企业要充分利用客户信息库的各项功能，对客户信息进行分析，从而了解客户的消费特点，把握客户需求，评估客户价值，制订相应的管理策略和资源配置计划。客户信息分析的内容主要包括基本信息分析、统计分析、趋势分析、关联分析等。

（一）基本信息分析

基本信息分析是企业利用客户的基本情况信息，如年龄、性别、工资状况、购买金额、购买数量等，分析客户的消费特点、消费偏好和消费习惯。例如，企业如果想要了解某产品的主要销售地区，可以分析不同地区客户购买产品的数量，销量最高的地区则为该产品的主要销售地区。又如，口红企业如果想要了解不同年龄段客户偏爱的口红颜色，可以先将客户划分为不同的年龄段，然后分析每个年龄段客户购买不同颜色口红的数量，数量最多的颜色则是该年龄段客户偏爱的口红颜色。

（二）统计分析

统计分析是企业将客户的所有信息进行统计，并分析企业的总交易额、每位客户的交易额在总交易额的占比，以及企业客户的偿债能力、营运能力、盈利能力、信用状况等。企业可以从统计分析的信息中掌握客户对企业的利润贡献、客户的发展前景及商业价值。

例如，企业如果想要知道为本企业创造主要利润的客户有哪些，可以先统计每位客户的交易额，然后计算每位客户交易额在总交易额中的占比，占比较大的客户则是为本企业创造主要利润的客户。

（三）趋势分析

趋势分析是企业在整体经济运行状况下，利用本企业的客户信息，对长期或短期的业务状况进行预测与分析。例如，某企业可以结合本企业上半年客户购买产品或服务的情况、同行企业的经营状况，以及当下市场环境等客观情况综合分析预测企业下半年的业务状况。

（四）关联分析

关联分析是企业利用客户信息对产品信息、服务信息、市场信息进行分析，综合评价企业的运行状况。例如，某网店评估本月店铺经营情况时，可以分析本月与上月客户购买产品的数量、客户投诉数量、客户退换货次数等，综合分析本月的经营情况。若客户购买数量相比上月有所提升，客户投诉数量和客户退换货次数相比上月有所下降，则说明网店经营情况较好。

四、更新客户信息

在当前市场竞争日趋激烈的情况下，客户的需求和偏好随时可能发生变化，企业如果不能及时了解客户的最新信息，而采用过时的信息分析客户行为特征，将不能准确掌握客户的需求。一旦对客户特征的把握存在偏差，企业的产品设计、服务策略等将会受到严重干扰，进而使企业的经营活动无法达到预期效果。

当客户信息发生变化时，企业需要及时更新客户信息库，并依托最新的客户信息做出合理决策，提升客户关系管理效果。

需要注意的是，在更新客户信息时，对于冗余和无用的客户信息，企业需要及时淘汰，以防止因客户信息真伪难辨，质量参差不齐，对客户关系管理决策的制订造成干扰。例如，客户已弃用的手机号码、已搬离的旧住址、原来的单位、之前的职务等信息都应该及时淘汰。

头脑风暴

为及时更新投资者信息，D 基金管理有限公司在平台内发布如下通知：如果您的身份证件或身份证明文件即将过期、已过期或已失效，请及时前往基金账户开立机构办理身份证件或身份证明文件更新手续，以免影响基金业务办理。另外，如果您的地址、电话、邮箱等联系方式发生变更，也请及时前往基金账户开立机构进行更改。

你认为 D 基金管理有限公司更新客户信息的原因是什么？

五、安全管理客户信息

随着信息技术的发展，客户信息管理面对的风险越来越高。一般情况下，客户信息安全问题主要有以下几个方面：① 自然灾害或电源不正常引起的客户信息损坏；② 他人攻击服务器或病毒侵扰服务器导致的客户信息损坏或泄露；③ 人为操作失误导致的客户信息损坏；④ 人为故意造成的客户信息损坏或泄露。

信息保密工作具体规定

面对客户信息安全问题，企业需要采取或制订一系列安全管理措施，妥善管理企业的客户信息。

（一）运用信息安全管理技术手段

对于客户信息库的防护，企业可以利用数据存储技术对客户信息进行备份和储存。对于数据传输过程中客户信息的安全防护，企业可以建立完善的访问控制措施，如安装防火

墙、加强授权管理和认证等。对于整个网络系统的防护，企业可以安装防网络病毒软件。

（二）加强企业内部管理

在技术保障的基础上，为了更加全面地保障客户信息的安全，企业还应加强内部管理，建立相关制度，具体包括以下几个方面。

（1）制定客户信息安全的相关管理规章制度，如人事组织安全管理制度、操作安全管理制度、软件平台安全管理制度等，从而防范由此带来的各类风险。

（2）建立健全监控管理、问题管理等管理制度，解决客户信息管理中信息不对称的现象。

（3）完善考评制度，落实使用客户信息库的各部门的职责。

（三）增强客户信息使用者的道德观念

任何使用客户信息的员工，如客户关系管理人员、销售人员、财务人员等，都应该树立道德观念，主动保护客户信息的隐私与安全，禁止随意使用或滥用客户信息。

典型案例

保护客户信息是银行员工的基本义务

近日，中信银行上海某支行泄露客户个人账户交易信息一事引发关注。由中信银行某支行泄露客户个人账户交易信息一事可以发现，部分银行基层机构和银行员工保护客户隐私意识淡薄，银行的相关制度与流程仍然存在漏洞，银行员工在一定范围内出现有章不循、违规操作等行为。除了违法提供客户账户信息，违规查询客户征信、泄露客户银行卡信息等现象也时有发生。

在大数据时代，个人信息获取更加容易，个人信息保护面临新的挑战。保护客户隐私，确保信息安全，可谓关系重大，不能有丝毫的马虎。因此，银行业金融机构应从以下三个方面进行努力。

（1）高度重视客户信息保护。这既是维护客户合法权益的重要内容，也是银行取信于社会和客户的基本义务和基础工作。

（2）继续完善客户信息保护相关制度。

（3）细化客户信息查询流程。如查询权限的设置、查询权限的审批等。

此外，银行还应在技术上对客户信息查询建立硬约束，如可以建立分级审批、双人控制等要求。总之，银行要将保护客户隐私的理念融入企业文化之中，内化于心、外化于行，以最严格的标准确保客户信息安全。

（资料来源：董希淼，《保护客户信息是银行基本义务》，
《经济参考报》2020 年 5 月 11 日，有改动）

知识试练

一、不定项选择题

1. 客户信息的类型不包括（　　）。

 A．描述性信息   B．促销性信息

 C．交易性信息   D．服务性信息

2. 客户信息管理的形式不包括（　　）。

 A．客户名册   B．客户资料卡

 C．客户档案   D．客户信息库

3. 下列各项中，不属于客户信息库内容的是（　　）。

 A．客户原始信息   B．客户交易信息

 C．统计分析信息   D．企业投入记录

4. 下列各项中，造成客户信息安全问题的有（　　）。

 A．自然灾害或电源不正常引起的客户信息损坏

 B．他人攻击服务器或病毒侵扰服务器导致的客户信息损坏或泄露

 C．人为操作失误导致的客户信息损坏

 D．人为故意造成的客户信息损坏或泄露

5. 客户信息整理的实施步骤包括（　　）。

 A．客户信息筛选   B．客户信息收录

 C．客户信息收集   D．客户信息分析

二、判断题（正确的打"√"，错误的打"×"）

1. 客户信息是企业决策的基础。 （　　）

2. 客户信息库能够帮助企业扩大市场。 （　　）

3. 企业可以从客户投诉中收集客户信息。 （　　）

4. 客户信息使用者可以随意使用客户信息。 （　　）

5. 企业需要及时淘汰冗余和无用的客户信息。 （　　）

三、简答题

1. 为什么要及时更新客户信息？

2. 客户信息的管理形式有哪些？

四、案例分析题

客户信息库的支持

　　某银行在与客户建立联系时，采用一种被称为"ICARE"的要诀：I 代表 inquire，即向客户询问并明确其需求；C 代表 communicate，即向客户保证尽快满足其需求；A 代表 affirm，即让客户确信银行有完成服务工作的能力；R 代表 recommend，即向客户提供一系列服务的选择；E 代表 express，即让客户了解银行接受单个客户的委托。在"ICARE"的基础上，该银行又推出了一项名为"At your request"（如您所愿）的服务，进一步赢得了客户的信任，获得了巨大的商业成功。

　　银行成功的背后离不开先进的客户信息库的支持。例如，银行根据客户信息，在客户的特殊事件和重要约会前，会按照客户希望的时间、方式为客户提供"提醒"服务。又如，银行从信用卡客户的消费记录中发现客户最感兴趣的产品或服务，然后利用所掌握的交易信息，分析客户的消费情况和偏好，进一步确定商业合作伙伴，进而给客户提供更加优惠的价格和贴心的服务。

结合所学知识回答以下问题：

1. 银行为什么重视客户信息？
2. 银行是如何管理和使用客户信息的？

笃行致远

建立客户信息档案活动

〔**实践描述**〕

　　在客户关系管理交流会上，大家通过周经理和郑经理分享的案例了解到客户信息的重要性。请以小组为单位，选取一家企业（如大型商超或银行），收集客户信息并建立客户信息档案。

〔**实践目的**〕

（1）能够收集、整理客户信息。

（2）学会分析客户信息并建立客户信息档案。

〔**实践分组**〕

　　全班学生以 6 人为一组进行分组。其中，2 人负责收集客户信息，2 人负责分析客户信息，2 人负责建立客户信息档案。各组选出组长并将小组成员及分工情况填入表 4-4 中。

表 4-4　小组成员及分工情况

班级		组号		指导教师	
小组成员	姓名	学号	任务分工		
组长					
组员					

〔实践过程〕

（1）具体的实践步骤如图 4-1 所示。

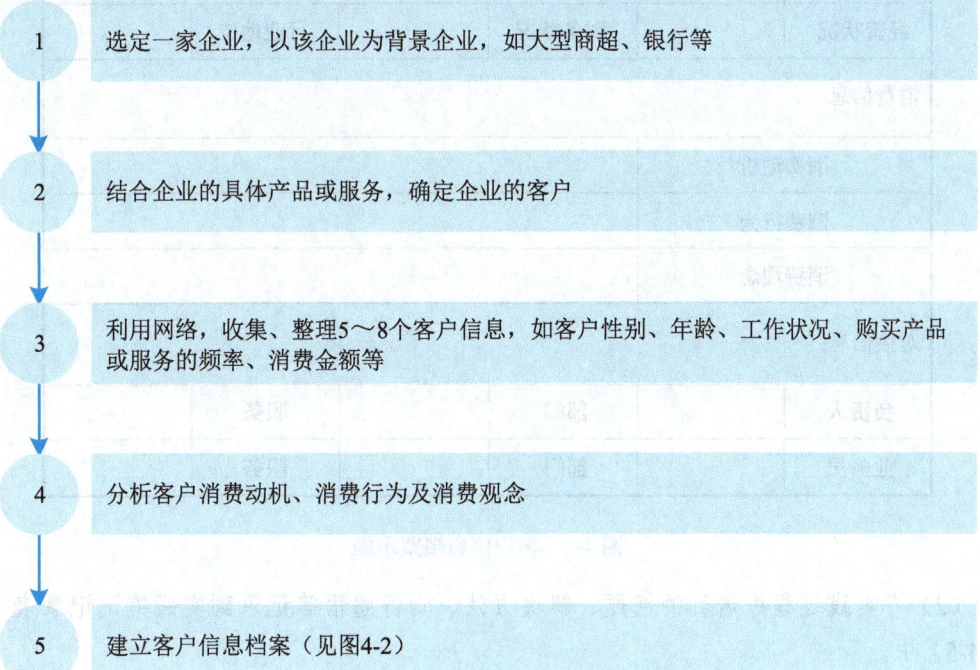

1　选定一家企业，以该企业为背景企业，如大型商超、银行等

2　结合企业的具体产品或服务，确定企业的客户

3　利用网络，收集、整理 5～8 个客户信息，如客户性别、年龄、工作状况、购买产品或服务的频率、消费金额等

4　分析客户消费动机、消费行为及消费观念

5　建立客户信息档案（见图4-2）

图 4-1　建立客户信息档案的实践步骤

客户信息档案

基本信息：

客户编号		客户名称	
企业规模		信用级别	
企业地址			

业务信息：

联系人		职务		联系电话	
经营范围					
经营状况		财务状况		行业地位	

消费信息：

消费动机	
消费行为	
消费观念	

对接信息：

负责人		部门		职务	
业务员		部门		职务	

图 4-2　客户信息档案示例

（2）将实践过程中遇到的问题、解决方法、心得感悟等记录到实践笔记记录表（见表 4-5）中。

表 4-5　实践笔记记录表

问题记录	（1）_____ _____ _____ （2）_____ _____ _____

（续表）

解决方法	（1） _____ _____ （2） _____ _____
心得感悟	（1） _____ _____ （2） _____ _____

〔实践考核〕

各组提交客户信息档案，并配合指导教师填写考核评价表（见表4-6）。

表4-6　考核评价表

项目名称	评价内容	分值	评价分数		
			自评	互评	师评
知识技能评价（30%）	掌握客户信息管理的基本理论知识	15			
	能够收集、整理和分析客户信息	15			
素养评价（30%）	积极、主动地参与小组活动	10			
	与小组成员和睦相处、团结互助	10			
	认真、负责地完成自己的任务	10			
成果评价（40%）	客户信息档案内容全面、真实	20			
	客户信息档案干净、整洁，没有出现胡乱填写的情况	20			
合计		100			
总评	自评（20%）+互评（20%）+师评（60%）=		教师（签名）：		

明德博学

个人信息保护法：为个人信息加把"锁"

"大数据杀熟"、不授权 App 使用个人相关信息就无法使用或无法使用其全部服务、个人信息被售卖……随着互联网的飞速发展，消费者在享受互联网带来便利的同时，个人隐私泄露、个人信息被过度使用的事例近年来也比比皆是。2021 年 11 月 1 日，《中华人民共和国个人信息保护法》（以下简称《个人信息保护法》）正式实施，这是一部保护公民个人信息的专门法律。

《个人信息保护法》第十条规定，任何组织、个人不得非法收集、使用、加工、传输他人个人信息，不得非法买卖、提供或者公开他人个人信息。因此，企业若要收集消费者个人信息，应保证消费者知情，在事先充分告知的前提下，征得消费者本人同意。企业不得采取一揽子授权、强制同意等方式处理消费者个人信息。未经消费者同意，企业不得向消费者推送商业信息。

同时，《个人信息保护法》也对过分收集用户信息行为进行了明确规定。除了提供产品或服务所必需的个人信息，经营者不得以消费者不同意处理其个人信息或撤回同意为由，拒绝提供产品或者服务。手机 App 也不得因用户不同意提供非必要个人信息而拒绝用户使用其基本功能。

《个人信息保护法》不仅明确界定了个人信息隐私内容所涵盖的范围，也明确了个人信息的权属权益，给互联网平台和数字经济带来了重大影响。互联网平台在利用个人信息时，需要获取用户授权，也将在使用、存储过程中承担更多的信息保护责任。

（资料来源：王小月，《〈个人信息保护法〉实施 严管人脸识别大数据杀熟》，

《中国消费者报》2021 年 11 月 4 日，有改动）

模块五

量体裁衣

——客户分级管理

模块导读

从客户价值的角度看，不同的客户能够为企业提供不同的价值。企业要想知道哪些是高价值客户，哪些是低价值客户，就需对客户进行分级。针对不同级别的客户，企业应制定相应的客户管理策略。

本模块主要介绍了客户分级的相关知识，以及如何实施客户分级管理。

素养目标

（1）增强爱岗敬业、服务客户的意识。
（2）加强实践练习，注重学思结合、知行统一。

知识目标

（1）了解客户分级的目的、条件、指标及方法。
（2）掌握不同级别客户的管理策略。

技能目标

（1）能够根据不同的指标对客户进行分级。
（2）能够对不同级别的客户提供不同的管理策略。

C **任务导入**　旅行公司的客户分级

　　在客户关系管理交流会上，某高校学生代表范同学说客户分级无处不在，他通过某旅行公司预订机票时发现了该旅行公司的客户分级标准。这个旅行公司作为综合性旅行服务公司，向全国超过 3 亿的会员提供了集酒店预订、机票预订、旅游度假、商旅管理及旅游资讯在内的全方位旅行服务。

　　范同学说："这个旅行公司按照客户积分将客户分为钻石会员、铂金会员、黄金会员和普通会员。客户积分是根据客户个人账户近 12 个月的订单消费情况、促销活动完成情况及信誉情况计算得出的分数。其中，钻石会员的客户积分须达到 10 000 分且信誉记录良好；铂金会员的客户积分须达到 3 000 分且信誉记录良好；黄金会员的客户积分须达到 300 分且信誉记录良好；普通会员的客户积分低于 300 分，注册即可成为普通会员。"

　　范同学继续说道："不过，会员级别的有效期限为 60 天。有效期限结束后，系统会根据客户当前的积分重新划分会员级别。"

请思考：旅行公司为什么要对客户进行分级？

一、客户分级的目的

　　客户分级是指企业在对客户信息进行深入分析的基础上，依据客户对企业的价值和重要程度，将现有客户分为不同的级别。例如，某市联通公司以月度平均消费金额为衡量标准将客户分为以下三个级别：平均每月实际消费金额在 100 元及以下的客户为普通客户；平均每月实际消费金额在 100 元以上、300 元以下的客户为贵宾客户；平均每月实际消费金额在 300 元及以上的客户为铂金 VIP 客户。

　　客户分级是判定客户价值的一种重要手段。企业只有对客户进行分级管理，才能根据客户价值高低匹配不同的资源，提高投入产出比；才能强化与高价值客户的关系，灵活调整客户服务的总投入；才能更好地在实现所有客户利益最大化的同时，实现企业利润最大化。

（一）判定不同客户带来的价值

　　每位客户给企业带来的价值是不同的。例如，饭店与个人都购买饮料，但为饮料企业

带来的价值是不同的，显然饭店为饮料企业带来的价值更大。

虽然每位客户都会为企业带来一定的价值，但企业的资源有限，把资源平均分配到每位客户身上的做法既不经济也不切合实际。因此，企业需要对客户进行分级，以判定不同客户带来的价值，据此灵活调整客户服务的投入。

（二）区分不同价值客户的需求

不同客户为企业带来的价值不同，他们的需求也有所差别。一般来说，为企业带来较大价值的客户通常期望得到有别于其他客户的待遇。例如，为航空公司带来较大价值的客户期望自己获得更好的出行体验，他们追求更舒适、更安静、更私密的客舱环境。

企业如果能为不同价值客户提供有针对性的服务，有可能使其成为企业的忠诚客户，从而持续不断地为企业创造更多的利润。

二、客户分级的条件与指标

（一）客户分级的条件

当企业和客户满足以下三个条件时，企业可以考虑对客户进行分级。

1. 企业拥有稳定的现实客户

只有客户与企业进行多次交易时，客户才能持续不断地为企业创造价值。这种能持续与企业进行交易的稳定客户才是企业利润的源泉，而拥有稳定的现实客户群体是企业进行客户分级的前提条件。

2. 客户间存在价值差异

客户分级的主要目的在于区别不同价值的客户。客户之间存在的价值差异越明显，客户分级的意义也就越大；反之，客户之间存在的价值差异不大，客户分级的意义也就不大。例如，小区便利店服务的居民虽然数量多，但大多属于小额交易客户，因此，小区便利店没有必要对小区居民客户进行分级。

3．客户数量超出企业管理限度

企业有效管理客户的数量是有限的，其无法满足所有客户的需求，对于超出管理限度的客户，企业需要分配更多的工作人员去维护。为了提升管理水平和服务水平，企业对客户进行分级是必要的。例如，对于服务对象主要为经销商的食品厂来说，当其客户数量达到上百家时，进行客户分级就会成为一项必要且非常有价值的工作。

（二）客户分级的指标

企业可以根据客户订单金额、客户利润贡献、客户信用状况、客户发展前景等指标对客户进行分级。

1．客户订单金额

客户订单金额一般包括累计销售额、年度（季度、月度）平均销售额、销售额增长率等项目。例如，企业可以统计近一年或近两年客户的平均销售额、销售额增长率等，然后据此划分不同的客户级别。

2．客户利润贡献

企业在分析客户订单金额的基础上，综合考虑企业的各项成本，可以计算出客户给企业创造的利润。例如，企业可以统计近一年客户的订单金额，以及所购产品的成本，进而计算出客户给企业创造的利润，然后根据利润贡献的大小划分不同的客户级别。

3．客户信用状况

企业一般可以从客户的经营状况、财务状况、回款状况等方面评估客户的信用状况。例如，企业可以统计客户最近一年的回款情况，如是否及时回款、是否拖延回款及拖延的天数与原因，然后根据这些因素综合判定客户级别。

4．客户发展前景

企业可以对客户的经营性质、资产规模、盈利能力、发展潜力等因素进行考察，评估客户的发展前景，挖掘客户的潜在价值，然后对客户进行分级。

以上几个客户分级指标，分别从不同角度对客户情况进行衡量，所得结果难免有些片面。例如，有些客户的信用状况很好，但其近一年的订单金额并不大；有些客户的订单金额虽然比较大，但其信用状况不是很好，经常拖欠货款。显然，这两类客户都未必是企业的高价值客户。因此，企业应从多个角度衡量客户价值，综合利用上述几个指标，按一定的比例进行加权计算，从而判定客户级别。

三、客户分级的方法

为了使资源得到合理配置，企业进行客户分级时通常将客户为企业创造的利润和价值作为衡量标准，按总值由小到大的顺序逐步向上"垒"起来金字塔模型。为企业创造最大利润和价值的客户位于客户金字塔模型的顶部，为企业创造最小利润和价值的客户位于客户金字塔模型的底部。在实际应用时，企业通常采用客户金字塔模型将客户分为不同级别，即关键客户（重要客户和次要客户）、普通客户和小客户，如图 5-1 所示。

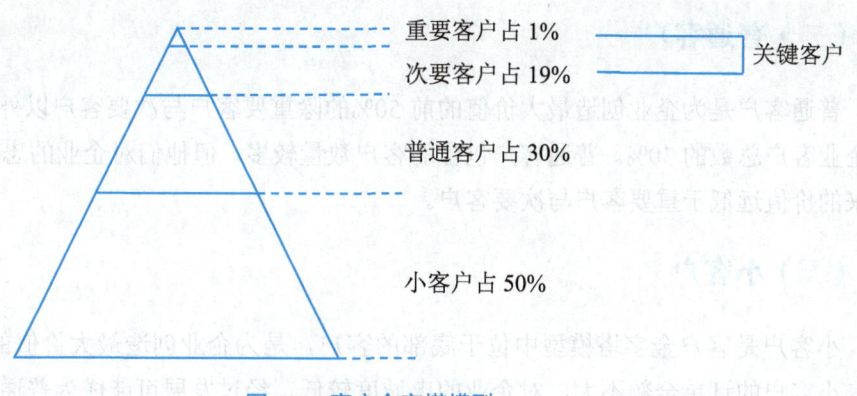

图 5-1　客户金字塔模型

📝 知识贴士

在客户金字塔模型中，关键客户数量最少，小客户数量最多；而从客户价值来看，关键客户利润贡献最大，小客户利润贡献最小。客户数量与客户利润贡献之间的关系如图 5-2 所示。

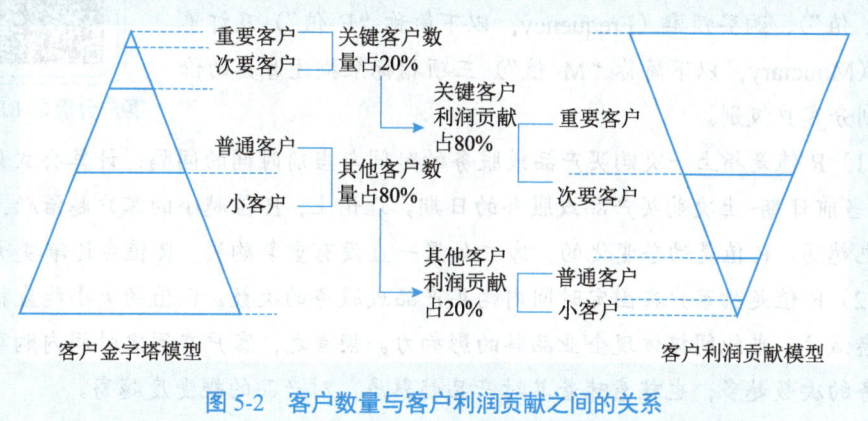

图 5-2　客户数量与客户利润贡献之间的关系

（一）关键客户

关键客户是企业的核心客户，包括重要客户和次要客户。关键客户一般占企业客户总数的 20%，其贡献的利润约可占企业总利润的 80%。

（1）重要客户是客户金字塔模型中位于顶部的客户，是能够为企业带来最大价值的前 1% 的客户。重要客户往往大量使用企业产品或服务，不仅对企业忠诚，还为企业创造了大量利润。

（2）次要客户是为企业带来最大价值的前 20% 的除重要客户以外的客户，一般占企业

客户总数的 19%。次要客户同样大量使用企业产品或服务，但其对企业的忠诚度比重要客户低，其创造的利润也比重要客户少。

（二）普通客户

普通客户是为企业创造最大价值的前 50% 的除重要客户与次要客户以外的客户，一般占企业客户总数的 30%。普通客户包含的客户数量较多，但他们对企业的忠诚度、为企业带来的价值远低于重要客户与次要客户。

（三）小客户

小客户是客户金字塔模型中位于底部的客户，是为企业创造最大价值的后 50% 的客户。小客户的订单金额不大，对企业的忠诚度较低，经过发展可能成为普通客户。

管理视野

客户分级的 RFM 模型

RFM 模型是衡量客户价值的重要工具和手段，其应用广泛。该模型采用客户近期购买产品或服务的时间（Recency，以下简称"R 值"）、购买频率（Frequency，以下简称"F 值"）及订单金额（Monetary，以下简称"M 值"）三项指标来描述客户的价值并划分客户级别。

客户分级之 RFM 法

（1）R 值是指上一次购买产品或服务的时间与当前时间的间隔，计算公式如下：R 值=当前日期−上次购买产品或服务的日期。理论上，R 值越小的客户越活跃，客户价值也越高。R 值是动态变化的，客户如果一直没有重复购买，R 值会逐渐变大。

（2）F 值是指客户在固定时间内购买产品或服务的次数。F 值的大小能直接体现客户忠诚度，也能间接体现企业品牌的影响力。换言之，客户在固定时间内购买产品或服务的次数越多，也就意味着其对产品越熟悉，对产品的接受度越高。

（3）M 值是指客户在一段时间内累计购买产品或服务的订单金额。M 值越大，客户的购买力越强，客户对企业的利润贡献也越大。

一般来说，RFM 模型构建的客户级别可分为重要价值客户、重要挽留客户、重要发展客户、重要保持客户、一般价值客户、一般挽留客户、一般发展客户及一般保持客户八个级别。

任务二　施行客户分级管理

任务导入　银行的客户分级与管理策略

在客户关系管理交流会上，某银行的郭经理分享了自己所在的银行对不同级别客户的服务策略。郭经理说："本银行秉持与客户'同发展、共成长'和'服务源自真诚'的经营理念，致力于为客户提供全面、优质、高效的金融服务。在客户分级方面，银行根据客户个人账户资产折合人民币的金额将客户分为重要客户（持有黑金卡的客户）、主要客户（持有铂金卡的客户）、普通客户（持有金卡的客户）及小客户（持有银卡的客户）。针对不同的客户群，银行采取不同的服务策略，为客户提供不同的服务项目。"

"个人账户中的资产折合人民币总额达到 100 万元的客户是银行的重要客户。对于重要客户，银行会为其提供家庭理财顾问专属服务，附赠机场贵宾服务、全国道路救援服务、全球旅行医疗紧急支援服务、贴心人文关怀服务、商旅保险服务、应急支付支持服务等。"郭经理说，"个人账户中的资产折合人民币总额达到 30 万元的客户是银行的主要客户。对于主要客户，银行会为其提供专属客户经理服务，附赠机场贵宾服务、商旅保险服务等。"

"个人账户中的资产折合人民币总额达到 10 万元的客户是银行的普通客户。对于普通客户，银行会为其提供专属客户经理优先服务、账户变动通知服务、业务优先办理服务等。"郭经理继续说道，"小客户只需凭借本人有效身份证件即可向银行任何一个营业网点提出开卡申请，银行会为其提供贴心的业务办理服务。"

请思考： 针对不同的客户群，银行分别采取了哪些服务策略？

客户分级管理主要表现为企业在对客户进行分级的基础上，根据客户级别的不同，设计不同的管理策略。客户分级管理的核心是重点服务为企业提供 80% 利润的关键客户，以提高其满意度和忠诚度。

一、关键客户管理策略

关键客户不仅是企业利润的主要来源，也是企业可持续发展的重要保障。关键客户管理的目的是提高这类客户的忠诚度，进一步提升其带给企业的价值。

（一）集中优势资源服务关键客户

关键客户对企业的利润贡献最大，对服务的要求也比较高。为了进一步提高对关键客户的服务水平，企业应集中优势资源，保证服务的高标准，具体方法如下。

1. 主动提供服务

企业应准确预测关键客户的需求，主动提供售前、售中、售后的全过程、全方面、高档次的服务，如定制化服务、精细化服务等。在条件允许的情况下，企业还可以邀请关键客户参与企业产品或服务的研发、策划，从而更好地满足关键客户的需求。

2. 加大服务力度

企业要集中优势"兵力"，加大对关键客户的服务力度。例如，在销售旺季到来之前，要协调好服务、生产、运输等部门，保证对关键客户的产品供应，保证运输速度，避免出现因缺货或运输不及时而导致关键客户不满的情况。当供货紧张时，企业要优先保障关键客户的需求，让他们坚信本企业是值得信赖的供应商或服务商，从而提高他们的满意度。

3. 增加财务支持

企业应增加对关键客户的财务支持，为他们提供优惠的价格、灵活的支付条件，还应适当放宽付款时间限制和退款条件限制，进一步将关键客户转变为企业的忠诚客户。

例如，几乎所有的航空公司均实行多级别舱位定价方法，还制订了相应的退改规则。一般来说，高票价客户因偶然因素弃乘的成本更高，而低票价客户因偶然因素弃乘的成本相对低一些。因此，航空公司在制订机票退改规则时，适用于高票价机票的退改规则相对宽松，这是航空公司对高票价客户的一种补偿和鼓励；而适用于低票价机票的退改规则较为严格，这是航空公司对低票价客户的一种制约，以尽可能地避免座位虚耗。

（二）成立关键客户服务机构

为了对关键客户进行系统化、规范化管理，企业应成立关键客户服务机构。关键客户服务机构需要利用客户信息库，分析每位关键客户的交易历史，了解关键客户的需求和采购情况，及时为企业提供准确的关键客户信息，并协调技术、生产、企划、销售、运输等部门，根据关键客户的要求设计不同的产品及服务方案。同时，关键客户服务机构还需要强化对关键客户的追踪管理，密切关注关键客户各方面的变动情况。

典型案例

花旗银行管理关键客户

花旗银行各分支机构普遍设有公关部，专门负责联系客户，并为每位重要客户都配置专职的客户经理。专职客户经理负责与重要客户联系，跟踪重要客户的生产、经营、财务、发展等情况，及时了解并受理重要客户的服务需求。

（三）通过沟通密切双方关系

企业应利用一切机会加强与关键客户的沟通和交流，使关键客户感受到双方之间不仅仅是一种买卖关系，还是合作关系、双赢关系。

1．定期拜访关键客户

对关键客户进行定期拜访，熟悉关键客户的经营动态，及时发现并有效解决服务过程中存在的问题，这些都有利于企业与关键客户保持良好的关系。例如，对于重要客户，企业工作人员可以每个月打一次电话，每季度拜访一次；对于次要客户，可以每季度打一次电话，每半年拜访一次。

2．定期征求关键客户的意见

征求关键客户的意见有利于增强关键客户对企业的信任度。例如，企业可定期组织关键客户座谈会，听取关键客户对企业产品或服务的意见，以便与关键客户建立长期稳定的战略合作伙伴关系。

3．及时有效地处理关键客户的投诉

处理投诉是企业向关键客户提供售后服务必不可少的环节之一。因此，企业要积极建立有效的机制，认真、迅速、专业地处理关键客户的投诉。

4．利用多种手段加强与关键客户沟通

企业要充分利用包括网络沟通在内的各种手段与关键客户建立双向的快速沟通渠道，主动与关键客户进行有效沟通，从而真正了解他们的需求或偏好。

需要注意的是，企业与客户之间的关系是动态的，企业管理关键客户也应该是一个动态的过程。一方面，现有的关键客户可能因为自身或企业的原因而流失；另一方面，又会有新的关键客户与企业建立合作关系。因此，企业应对关键客户的动向做出及时反应，既要避免现有关键客户的流失，又要及时对新出现的关键客户采取积极的行动。

二、普通客户管理策略

对于普通客户的管理，企业应注重提升级别和控制成本两个方面。

（一）培养有升级潜力的普通客户

对于有升级潜力的普通客户，企业需要制订周密、可行的升级计划，通过一系列努力，将其培养为关键客户，进而为企业创造更多的价值。企业可以通过引领、创造、增加有升级潜力的普通客户的需求，让其购买企业更多的产品或服务，进而贡献更多的利润，如推出一些鼓励消费措施，或者对一次性购买或累计购买达到一定额度的客户给予相应级别的奖励等。

企业还可以根据有升级潜力的普通客户的需求，扩充相应的产品线，为普通客户提供

"一条龙"服务，充分满足他们的潜在需求。例如，某家居装修用品企业锁定了想要翻修住房的客户及连锁酒店的专业维修人员两类有升级潜力的普通客户，该企业在卖场内增加了"设计博览区"，向客户展示装修用品、装修设计服务、技术指导服务等家装"一条龙"服务。

此外，为了使普通客户能够顺利地升级为关键客户，企业还可以采取一些方法帮助普通客户提升实力，进而增加其对企业的需求和利润贡献。例如，企业可以充当普通客户的经营管理顾问，帮助他们评估机会、竞争、优势、劣势，制订企业发展规划，包括经营定位、网点布局、价格策略、促销策略等。同时，企业还可以通过咨询、培训、指导等方式帮助普通客户提高经营管理水平。

总而言之，对于有升级潜力的普通客户，企业要制订周密、可行的升级计划，通过自己的一系列努力，促使普通客户为企业创造更多的价值。

（二）降低没有升级潜力的普通客户的服务成本

对于没有升级潜力的普通客户，企业可以采取"维持"策略，在资源保持不变的基础上，通过缩减对他们的服务时间、服务项目、服务内容等措施来降低服务成本。

三、小客户管理策略

随着服务理念、营销手段及电子商务的飞速发展，企业逐渐开始重视"二八法则"所论述的占比 80%的普通客户和小客户。2004 年，美国《连线》杂志主编克里斯·安德森首次提出了长尾理论，即如果能够把大量市场价值相对较小的部分汇集起来，就可以创造出巨大的经济价值。

长尾理论提示企业要重视中小客户，在为大客户提供特殊照顾的同时，也要重视小客户的集体贡献。

小客户不仅帮助企业创造和形成了规模优势，在降低企业成本方面也功不可没。所谓"聚沙成塔"，保持一定数量的小客户是企业实现规模经济的重要保证，也是企业保住市场份额、保持成本优势、遏制竞争对手的重要手段。企业如果直接放弃这些小客户，任其流失到竞争对手那边，就可能会失去竞争优势。

头脑风暴

你认为"二八法则"与"长尾理论"是否矛盾，为什么？

（一）培养有升级潜力的小客户

对于有升级潜力的小客户，企业应该给予更多的关心和照顾，帮助其成长，挖掘其升级潜力，从而将其培养成普通客户甚至是关键客户。

（二）降低没有升级潜力的小客户的服务成本

对于没有升级潜力的小客户，企业不能简单地予以淘汰，而应采取适当提高服务价格、降低服务成本的办法来获取他们为企业贡献的价值。

（1）适当提高对小客户的服务价格，或者将以前免费的服务项目改为收费项目。

（2）适当限制为小客户提供的服务内容和范围，压缩服务时间，从而降低服务成本，如将每天服务改为每周服务一天等。

（3）运用更经济、更省钱的方式提供服务，如将面对面的直接销售改为电话销售或网络销售等。

知识贴士

当小客户察觉自己所受的待遇不如高级别客户时，其可能会被激怒。为了避免出现这种不愉快的局面，企业可把为不同级别客户提供的服务从时间或空间上区分开来。例如，在飞机上，不同级别的客户因票价不同而分别处于不同级别的舱位，接受不同级别的服务，彼此互不干扰。

（三）淘汰失信客户

由于失信客户会给企业带来巨大的损失，所以企业应压缩、减少直至终止与失信客户的业务往来。例如，某企业对失信客户采取了取消代理商资格、终止合作等限制措施。

总之，企业针对不同级别的客户采取分级管理和差异化的激励措施，可以使关键客户享受企业提供的良好待遇，并激励他们努力保持这种级别。同时，这些措施也可刺激有潜力的普通客户向关键客户看齐，鞭策有潜力的小客户向普通客户甚至关键客户看齐，坚决淘汰失信客户，进而促进不同级别的客户为企业创造更多的价值。

知识试练

一、不定项选择题

1. 管理关键客户时，企业不应（　　）。

A．集中优势资源服务关键客户　　B．降低没有潜力的关键客户的服务成本

C．成立关键客户服务机构　　D．通过沟通密切双方关系

2．在（　　）条件下，企业需要对客户进行分级。

  A．客户数量超出企业管理幅度   B．企业具有稳定的现实客户

  C．客户间存在价值差异   D．不同客户有不同的需求

3．企业可根据（　　）对客户进行分级。

  A．客户订单金额   B．客户利润贡献

  C．客户信用状况   D．客户发展前景

4．关键客户的管理策略包括（　　）。

  A．集中优势资源服务关键客户 B．成立关键客户服务机构

  C．通过沟通密切双方关系   D．适当提高对关键客户的服务价格

5．企业可以（　　），从而培养有升级潜力的普通客户。

  A．对一次性或累计购买达到一定额度的客户给予相应级别的奖励

  B．根据有升级潜力的普通客户的需求为其提供"一条龙"服务

  C．通过咨询、培训、指导等方式帮助普通客户提高经营管理水平

  D．充当普通客户的经营管理顾问

二、判断题（正确的打"√"，错误的打"×"）

1．客户订单金额一般包括累计销售额、年度平均销售额、销售额增长率等。 （ ）

2．企业可以从客户的经营状况、财务状况等方面评估客户的信用状况。 （ ）

3．对于小客户，企业工作人员可以每周打一次电话，每月拜访一次。 （ ）

4．企业可适当压缩为小客户服务的时间，从而降低服务成本。 （ ）

5．任何情况，企业都不能淘汰客户。 （ ）

三、简答题

1．在什么条件下，企业可以考虑对客户进行分级？

2．如何管理关键客户？

四、案例分析题

分级管理，服务驱动

  中国消费者协会近日发布的《重点服务领域部分企业服务热线体验式调查报告》显示，华泰证券的客户满意度处于同行业领先位置。华泰证券以客户为中心，"做深、做透"了客服工作，具体表现在以下两点。

  第一，华泰证券从客户需求出发，打破证券行业的惯例，秉承"以客户服务为中心，以客户需求为导向，以客户满意为目的"的服务宗旨，提供 7×24 小时、全天不打烊的热

线服务。

第二，华泰证券构建客户信息库，完整地记录了客户的基本属性、风险承受度、持有产品结构、收益情况、回访反馈情况等信息，为客户分级提供了依据。在此基础上，华泰证券推出了"客户分级、客服分级、服务分级"的分级服务新举措，建立了集普通坐席、高级坐席、专家坐席、在线投资顾问服务为一体的分级服务体系，通过专业化、精准化的服务，全面提升了服务效率、客户满意度及客户忠诚度。

（资料来源：《创新券商客服模式　打造优质服务体验》，新华网，2019 年 1 月 8 日，有改动）

结合所学知识回答以下问题：

华泰证券对客户及服务进行分级的原因是什么？

笃行致远

制定客户分级管理策略主题活动

〔实践描述〕

通过客户关系管理交流会上的案例，大家能够认识到客户分级的重要性，并掌握不同级别客户的管理策略。请以小组为单位，尝试对客户进行分级，并制定客户分级管理策略。

〔实践目的〕

能够对客户进行分级，并制定不同的管理策略。

〔实践分组〕

全班学生以 4～6 人为一组进行分组，各组选出组长并进行任务分工，将小组成员及分工情况填入表 5-1 中。

表 5-1　小组成员及分工情况

班级		组号		指导教师	
小组成员	姓名	学号		任务分工	
组长					
组员					

〔实践过程〕

（1）以小组为单位，模拟设立一家公司，设计公司名称、业务范围、产品及服务等。

（2）设计 6 位具有不同特点的客户。例如，A 客户的本年度订单金额为 50 万元，与本公司已合作 3 年，非上市企业但估值较高，产品需求种类丰富，而且成功推荐过 2 位客户。

（3）根据定量指标中的客户订单金额评定客户的基础级别，可参考表 5-2。例如，A 客户的年度订单金额为 50 万元，对应的基础分值为 10 分，基础级别为 E。

表 5-2　定量指标

本年度订单金额	基础分值	基础级别
500 万元及以上	80	A
301 万元～499 万元	60	B
101 万元～300 万元	40	C
51 万元～100 万元	20	D
0～50 万元	10	E

（4）根据变量指标中的加分项及减分项进行整体评定，可参考表 5-3，从而确定客户的最终级别，可参考表 5-4。例如，A 客户的基础级别为 E。但是，A 客户与本公司已合作 3 年（加 3 分），非上市企业但估值较高（加 2 分），产品需求种类丰富（加 3 分），而且成功推荐过 2 位客户（加 2 分），结合加分项，A 客户的综合得分为 20 分，对应的级别为 D。

表 5-3　变量指标

可选加分项			
维度	指标	解释	分值（0～5）
业务及需求	毛利率	年毛利率≥40%	
	产品需求	有 3 种以上的产品需求	
客户关系	合作年限	合作 2 年及以上	
	客户沟通	沟通顺畅、无障碍	
	客户宣传	成功推荐过 1 位及以上客户	
经营管理	品牌影响	上市企业或非上市但估值较高的企业	
	回款情况	1 年内无逾期付款记录	
	增长潜力	订单总额连续两年增长 10%以上	

（续表）

可选减分项			
维度	指标	解释	分值（0～5）
客户关系	合作口碑	在行业内口碑较差	
	违约情况	单方面中途终止合同	
	服务难度	沟通难度大，存在投诉、诉讼等纠纷	
经营管理	回款情况	1年内有逾期或恶意拖欠款项记录	

表 5-4　客户级别表

综合分值	客户级别
80～100	A
60～79	B
40～59	C
20～39	D
0～19	E

（5）为不同级别的客户制定不同的管理策略。

（6）将活动过程制作成 PPT，在全班学生面前进行展示。

（7）将实践过程中遇到的问题、解决方法、心得感悟等记录到实践笔记记录表（见表 5-5）中。

表 5-5　实践笔记记录表

问题记录	(1) _____ _____ (2) _____ _____
解决办法	(1) _____ _____ (2) _____ _____

（续表）

心得感悟	(1) ＿＿＿
	(2) ＿＿＿

〔**实践考核**〕

各组提交客户分级管理策略PPT，并配合指导教师填写考核评价表（见表5-6）。

表5-6　考核评价表

项目名称	评价内容	分值	评价分数		
			自评	互评	师评
知识技能评价（30%）	掌握客户分级管理的基础知识	15			
	能够制定不同级别客户的管理策略	15			
素养评价（30%）	具备团队精神，积极与他人合作	10			
	认真参加实训任务	10			
	具备创新思维和自主探究学习的意识	10			
成果评价（40%）	演示文稿重点突出、详略得当	20			
	小组代表表达能力强、逻辑清晰，且讲述的内容有说服力	20			
合计		100			
总评	自评（20%）+互评（20%）+师评（60%）=	教师（签名）：			

明德博学

减费让利强落实，惠企利民见成效

为了响应中国人民银行、中国银行保险监督管理委员会、中华人民共和国国家发展和改革委员会、国家市场监督管理总局等四部委联合发布的关于降低小微企业和个体工商户支付手续费的通知和行业协会倡议，中国建设银行（以下简称"建设银行"）持续加大减费让利力度，推出多项减费措施，切实惠企利民。

建设银行在满足监管要求和行业协会倡议基础上，敢于担当，主动扩大支付降费范围、延长减免期限等，并保持一贯的服务质量。具体措施有以下几个方面：① 借记卡、准贷记卡、单位结算卡 ATM 跨行取现一律免收手续费；② 对小微企业、个体工商户开立单位结算账户，开户手续费均按现行收费标准的五折收取，不限于首个或指定账户；③ 对公客户通过 ATM、对公自助服务终端办理的单位结算卡本行转账暂不收取手续费；④ 小微企业、个体工商户网上银行服务费五折优惠长期实施；⑤ 托管、电子商业汇票，以及委托收款、托收承付业务中涉及转账汇款交易的均比照转账汇款优惠执行。

建设银行将继续秉持"以客户为中心"，坚持"金融向上向善"，将减费让利作为"我为群众办实事"重要实践，不断完善金融服务，助力构建新发展格局，以金融活水助力实体经济高质量发展。

（资料来源：《中国建设银行：减费让利强落实 惠企利民见成效》，中国银行业协会官方网站，2022 年 1 月 21 日，有改动）

模块六

开诚相见
——客户互动管理

模块导读

　　客户互动并不只是简单的信息交换，它可以让企业与客户建立一定的联系。一般而言，客户更愿意与具备良好客户互动能力的企业进行接触，因此，成功的客户互动管理可以使企业获得更多的客户。

　　本模块主要介绍了客户沟通、客户关怀，以及客户投诉的相关知识。

素养目标

　　（1）提高主动热情服务的意识。

　　（2）培养解决问题的思维能力。

　　（3）培养同理心及换位思考的能力。

知识目标

　　（1）了解客户沟通的作用与内容，客户关怀的定义与原则，以及客户投诉的作用与类型。

　　（2）掌握客户沟通的途径与技巧，客户关怀的内容与方法，以及客户投诉的分析与处理。

技能目标

　　（1）能够针对不同客户的需求，采用不同的沟通技巧。

　　（2）能够使用不同的方法对客户进行售前、售中及售后关怀。

　　（3）能够合理分析客户投诉，并及时处理客户投诉。

任务导入 沟通的桥梁——钉钉

在客户关系管理交流会上，某高校王老师说："钉钉是阿里巴巴集团专门为中国企业打造的免费沟通和协同的多端平台，为企业提供了系统化的解决方案，能全方位提升企业的沟通和协同效率。自该软件发布以来，版本不断迭代，功能也更加强大。"

"2020年5月17日，在钉钉春夏新品发布会上，其CEO宣布，正式推出钉钉5.1版本，以及专属钉钉、家校共育2.0、视频会议一体机F1、钉钉Live等软硬件系列产品。"王老师说，"其中，家校共育2.0推出了'家校群''师生群'等常用家校功能；钉钉Live在升级后将首次支持百人同屏互动、多人连麦。"

"在发布会上，钉钉的CEO还宣布，截至2020年3月31日钉钉的用户数量超过3亿。新冠疫情期间，钉钉支持了全国14万所学校、300万个班级、1.3亿名学生在线上课，600万名教师在钉钉上课时间累计超过6 000万小时。"王老师继续说，"钉钉推出的新功能可以使企业内部人员沟通更方便，使整个企业能够更好地运作。此外，该软件不仅能提高企业人员的工作效率，还能使企业及时了解客户需求，以及客户对本企业产品和服务的反馈，加强了企业与客户之间的有效沟通，在一定程度上提高了客户满意度和忠诚度。"

请思考： 钉钉通过哪些功能实现了企业与客户之间的有效沟通？

一、客户沟通的作用与内容

沟通是信息交流与互换的过程。客户沟通是指企业通过与客户建立联系，拉近与客户的距离，加深与客户的感情，从而赢得客户满意与客户忠诚的过程。客户沟通是企业与客户之间的桥梁和纽带。

（一）客户沟通的作用

企业通过与客户沟通，一方面可以把企业自身的产品或服务信息传递给客户，把企业的宗旨、理念介绍给客户，把企业的政策传达给客户，从而使客户知晓企业的合作意图与愿望；另一方面还可以征求客户的意见或建议，从而加强双方的合作。

与客户沟通的步骤

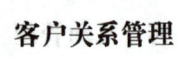

具体而言，客户沟通对企业的作用有以下几点。

1. 客户沟通是实现客户满意的基础

客户沟通是实现客户满意的基础，企业只有加强与客户的联系与沟通，才能了解客户的真实需求，理解他们的期望。特别是当企业出现失误时，有效的沟通有助于企业获得客户的谅解，减少或消除客户的不满。

例如，比亚迪公司在客户购买一辆新车后，主动向新车主发祝贺信，信中祝贺他选中了一辆好汽车，并详细说明比亚迪公司提供的售后服务。

2. 客户沟通是维护客户关系的基础

企业经常与客户沟通，不断向客户传递双方长久合作的意义，描绘合作远景，加深与客户的感情，稳定客户关系，从而使客户的购买次数增多。因此，企业要及时、主动地与客户进行沟通，并且要建立顺畅的沟通渠道，以便维护好客户关系，保持一大批稳定的客户。

头脑风暴

案例一

买家：老板在吗？

卖家：在。

买家：你家 11 月新上的羽绒服还有吗？

卖家：没。

案例二

买家：老板在吗？

卖家：您好，在的。请问有什么可以帮助您？

买家：你家 11 月新上的羽绒服还有吗？

卖家：亲，非常抱歉，这款羽绒服没有了。不过，我们 12 月份又新上了一款羽绒服，您想看一下吗？

……

请你比较以上两种沟通方式，思考哪种方式能让客户满意，并说明理由。

（二）客户沟通的内容

客户沟通的内容主要包括信息沟通、情感沟通、理念沟通、意见沟通及政策沟通。

（1）信息沟通既包括企业把产品或服务的信息传递给客户的过程，也包括客户将需求或要求反馈给企业的过程。

（2）情感沟通是指企业主动采取相关措施，加强与客户的情感交流，加深客户对企业的感情依恋的过程。

（3）理念沟通是指企业把其宗旨、理念介绍给客户，并使客户认同和接受的过程。

（4）意见沟通是指企业主动向客户征求意见，或者客户主动将意见（如投诉）反映给企业的过程。

（5）政策沟通是指企业向客户传递和宣传企业的政策、规定、制度等信息的过程。

二、客户沟通的途径

（一）企业采用的沟通途径

企业如果与客户缺少沟通，那么好不容易建立起来的客户关系可能会因为一些不必要的误会而土崩瓦解。因此，企业应积极、主动地与客户沟通，沟通的途径主要包括以下几种。

（1）通过通信工具与客户沟通，如呼叫中心、微信公众号、微博等。

（2）通过各部门相关人员（如客服人员、维修人员等）与客户沟通。

（3）通过举办活动与客户沟通，如促销活动、公益活动、品牌座谈会等。

（4）通过广告与客户沟通。

（5）通过公关宣传与客户沟通。

（6）通过包装与客户沟通。

总之，企业与客户沟通的形式多样，目的是通过经常性的沟通，让客户了解企业的产品理念与服务宗旨，让客户知道企业为了满足他们的需求，愿意不断提升产品或服务的品质。

（二）客户采用的沟通途径

为了确保客户与企业的沟通，企业不仅要积极引导并鼓励客户对产品或服务提出意见，还要为客户提供各种沟通渠道，并保持渠道畅通，从而使客户可以随时随地与企业沟通。客户与企业沟通的途径主要包括面谈、电话、电子邮件、微信等。例如，企业可以开通免费投诉电话、24 小时服务热线、网络在线服务等。

此外，企业应积极建立客户投诉制度和建议制度，并将企业接受投诉的部门、联系方式及投诉程序清楚地告诉客户。企业还可以设立奖励制度鼓励客户投诉，从而加强客户与企业的沟通与联系。例如，某快递企业保证网购商品次日送达，客户如果次日没有收到快递，只要向有关人员投诉，就可享受免费配送服务。

总之，企业要鼓励客户与企业进行沟通，鼓励客户表达意见，并且尽可能地降低客户的沟通成本。

三、客户沟通的技巧

（一）倾听技巧

倾听不仅可以帮助企业了解客户的真实意图及心理活动，还可以反映企业对客户的重视程度，从而使客户对企业产生较好的印象和信任感。在倾听时，企业工作人员应随时关注客户的情绪情感，并给予他们充分的尊重和积极的回应。

1. 明确倾听的内容

对企业工作人员来说，倾听客户时需要做到以下两点。

（1）倾听事实。倾听事实要求企业工作人员认真地听清楚客户说了什么及客户的言外之意，从而了解客户的真实意图。

（2）倾听情感。倾听情感要求企业工作人员在听清楚客户所说事实的基础上，更多地考虑客户的感受，并及时给予回应。

2. 提升倾听的能力

（1）礼貌倾听客户讲话。企业工作人员在与客户沟通的过程中，应尊重客户，礼貌倾听客户讲话，不要随意打断客户讲话。

（2）恰当引导客户讲话。对于不同性格的客户，企业工作人员在礼貌倾听的基础上可以利用不同的方式进行引导。例如，对于沉默寡言型客户，企业工作人员可以主动引导客户讲话，在倾听的同时关注客户的面部表情、肢体动作等细节；对于喋喋不休型客户，企业工作人员在倾听的同时要抓住合适的时机转换话题，避免客户过多地谈论无关话题，从而提高谈话效率。

（3）听出客户讲话的重点。企业工作人员应能清楚地听出客户讲话的重点，这是企业工作人员必须具备的一项能力。当客户因口音问题或受到情绪影响不能清楚地表达自己的想法时，企业工作人员需要更加认真地倾听客户讲话，抓住客户讲话的重点，弄清楚客户想要表达的真实需求。

（4）适时表达自己的意见。企业工作人员在不打断客户讲话的原则下，可以适时地表达自己的意见，使客户感受到自己始终都在聚精会神地倾听。

（5）避免做出敷衍的反应。企业工作人员不能在客户还未完全说清楚自己的观点和要求之前，就做出如"好！我知道了""我清楚了""我明白了"等反应。在客户看来，这种敷衍、虚假的反应等于在说"行了，别再啰唆了"，不仅解决不了问题，还会惹恼客户，甚至会遭到客户投诉。

不同的沟通策略

企业工作人员在应对不同特征的客户时，可以采用不同的沟通策略，具体内容如表 6-1 所示。

表 6-1 沟通策略

客户类型	客户特征	沟通策略要点
结果型	有明确的目标和追求；喜欢发号施令，不能容忍错误；冷静、独立，以自我为中心；用实际行动关心他人	企业工作人员应充满自信地与其沟通，直接切入正题，不用寒暄，实话实说，多谈结果；处理问题要及时，阐述观点要强而有力，但不要挑战客户的权威地位；给客户提供多个方案供其选择
表现型	乐于表达情感，表情丰富、夸张，动作迅速，声音洪亮；充满激情与活力，有创造力；凡事喜欢参与，愿意与他人打交道；追求乐趣，敢于冒险	企业工作人员应热情地与其沟通，提出新的、独特的观点；着眼于全局观念，避免过多谈论细节；表现出积极的合作态度；让客户多说，并适时称赞
顺从型	善于保持人际关系，关心他人，待人热心、耐心；具有较强的自制力；乐于倾听别人的反对意见，通常在比较不同产品或服务后才做出决定；害怕冒险，不愿过多发表意见	企业工作人员应热情、大方地与其沟通；营造良好的氛围，使客户放松；放慢语速，保持谦虚的态度；当客户做决定时，企业工作人员不要施加压力，也不要催促
分析型	面部表情少，说话时手势少，观察力敏锐，考虑周密，办事有条理；寡言少语，非常谨慎	企业工作人员应多听少说，不要随便插话；不要过分热情，也不要过于随便；公事公办，讲话要条理清晰，可用一些专业术语；用数据说事实，确保数据的正确性和全面性

（二）提问技巧

企业工作人员不仅要善于倾听客户讲话，还要适时向客户提出一些针对性问题，从而探究客户的真实想法与需求。

1. 提出开放式问题

开放式问题是指没有预设问题答案，只让客户根据自己的喜好，自由地回答并说出自己的观点和需求的问题。例如，当客户去电动车卖场购买电动车时，企业工作人员可以问"您喜欢什么款式的电动车"，这种提问方式既可以令客户感到放松、自在，又可以帮助自己了解客户的基本情况和事实，有助于双方的进一步沟通与合作。

2. 提出封闭式问题

封闭式问题是指企业工作人员事先设计好各种可能的答案，让客户回答时进行选择的问题。这种提问方式可以帮助企业工作人员获取准确的信息，澄清客户的想法，确认客户

的陈述内容。需要注意的是，如果企业工作人员提出过多的封闭式问题，客户可能会感到很被动或产生被审问的感觉，进而导致双方沟通不畅或终止沟通。

3．交替提出开放式问题与封闭式问题

一般情况下，企业工作人员可以先提出一个开放式问题，如"您好，有什么需要我帮助的吗"，待客户回答后便可以提出封闭式问题。企业工作人员交替提出开放式问题与封闭式问题，不仅可以迅速判断客户的问题所在，提高沟通效率，还可以为客户营造一种相对轻松的沟通环境。

（三）复述技巧

复述是指企业工作人员把客户的讲话重新叙述出来，以向客户求证。在复述过程中，企业工作人员需要帮助客户整理和发掘他们的需求，经过客户的确认后探明客户的观点及具体需求。此外，企业工作人员与客户沟通的最终结果也需要请客户进行最终确认，以强调交易中的重要事项，同时表达对客户的重视。

企业工作人员复述的内容主要包括以下两个方面。

1．复述事实

通过复述事实，企业工作人员可以向客户确认自己听到的信息是否正确和全面，从而验证自己听到的内容，以便在出现异议的情况下分清责任；也可以提醒客户是否遗漏了相关内容，是否有其他问题需要一并解决。此外，复述事实还可以体现自身的职业素养，让客户认可企业工作人员的认真和负责。

2．复述情感

复述情感是指企业工作人员对客户的观点表示认同的过程，如企业工作人员说"我知道您很着急"等。企业工作人员复述情感的方式主要有以下三种。

（1）及时表达自己的感受。企业工作人员应及时表达自己的感受，让客户感受到尊重和理解。

（2）对客户的立场表示理解。企业工作人员即使不同意客户的观点，也要换位思考，站在客户的立场上，对客户的观点表示理解。

（3）鼓励客户进一步陈述。当客户告知企业工作人员一个事实或一个观点时，企业工作人员可以鼓励客户透漏更多的内容和信息，如"您刚才说……您可以说一些更加具体的事情吗"等。

> **典型案例**
>
> ## 初心在方寸，咫尺守匠心
>
> 为了顺利承接假期散客出游的接待工作，让宾客更愉快地享受美好的假期，某酒店各部门全力以赴地工作着。某天下午，一位宾客神色焦虑地在酒店大堂内寻找着服务人员，她似乎发生了比较棘手的事情。

这时，正在值班的夏经理发现了这一情况，并主动上前接待了这位女士。通过一番沟通后，夏经理得知这位女士从公园游玩回来抵达酒店后，发现自己的随身小包不慎遗失，包中有重要的证件及其他贵重物品。

夏经理一边轻声安抚这位女士的情绪，一边与这位女士进行沟通，并仔细询问事件发生的时间、地点、丢失物品的特征等信息。夏经理在详细记录事件细节的同时努力通过各种方式联系公园工作人员。最终，公园工作人员在公园的大巴车上找到了这个小包，且包内物品无一遗失。

这位女士怀着感激的心情高度赞赏了夏经理的服务精神和工作态度。夏经理微笑着说道："专注、专业地为您提供服务，竭尽全力地满足您的需求，是我的职责所在。"

任务二　实施客户关怀

任务导入　用心服务，关爱老年客户

为营造敬老、爱老、助老的良好社会氛围，擦亮"农银养老"品牌，中国农业银行阜阳分行（以下简称"阜阳分行"）以"敬老月"为契机，围绕老年客户群体开展了系列关怀活动。

一、切身关怀，实地走访。行领导带头走访独居、空巢、重残等特殊困难老年客户，了解他们的生活状况和实际需求，并帮忙打扫卫生、赠送生活用品等，切实将温暖送到老年客户心中。

二、开展活动，拉近距离。阜阳分行联合退休老干部、老年大学及老年气排球队，开展座谈会、茶话会、气排球比赛等活动，向老同志致以节日问候，感谢他们为国家发展奉献的青春和汗水，并邀请他们继续关心和支持农行发展。

三、加强宣传，提升素养。阜阳分行深入社区、广场、集市开展金融知识普及活动，通过生动的案例向老年人宣传防骗知识及《安徽省实施〈中华人民共和国老年人权益保障法〉办法》等，提升其金融素养、维权意识和维权能力。

四、优化设施，传递关怀。阜阳分行全力推广个人养老金账户等养老金融产品，助力广大老年客户完善养老保障；积极推进网点适老化改造，提供上门服务，开设"尊老专柜"；指导老年客户使用大字版手机银行及95599"一键通"人工服务；关注老年客户的消费投诉问题，及时处置，切实保障其合法权益。

阜阳分行将继续发挥自身优势，贯彻党中央关于做好"养老金融大文章"的决策部署，为广大老年客户提供全方位的养老金融服务，助力老年客户安享幸福晚年。

（资料来源：《关爱老年客户，农行与您同行》，人民网，

2024年10月25日，有改动）

请思考： 阜阳分行为什么要对老年客户实施客户关怀措施？其是如何实施客户关怀的？

一、客户关怀的定义与原则

（一）客户关怀的定义

客户关怀是指企业对客户行为进行深入了解，主动把握客户的信息与需求，并通过持续的、差异化的服务手段为客户提供合适的产品与服务，最终提高客户满意度与忠诚度的过程。客户关怀实质上是一种高层次的客户沟通形式，其具有很强的针对性与关怀性。理解客户关怀的定义时需要把握以下两个关键点。

（1）通过客户行为了解客户需求。客户需求不是通过简单地询问客户就可以了解的，企业必须持续与客户保持互动，注意观察客户行为，主动了解客户，进而识别客户的真实需求。

（2）客户关怀必须长期进行，并且不断更新。客户关怀不是短期的市场营销活动。企业一旦明确了客户差异化的分级标准、客户关怀准则，客户关怀就应成为企业日常工作的组成部分，而不是仅仅停留在规定层面。客户关怀不应仅着眼于客户的购买量，而应关注客户在企业整个生命周期的价值，以保证客户持续为企业提供利润贡献。

（二）客户关怀的原则

企业在实施客户关怀时必须以客户为中心，一切从客户的需求出发，主要应注意遵循以下几项原则。

（1）急客户之所急。企业的客户关怀不应停留在表面，而应落脚到实际，即用心关怀客户，感知客户所需，帮助客户实现期望。在这一过程中，企业工作人员的态度非常重要，只要用心，客户总能感知到，有时即使期望没有达成，客户也会心怀感激。

（2）善于给客户惊喜。企业的客户关怀不仅要给予客户日常的关心，还要给予令客户惊喜的关心，两者在成本上可能没有太大不同，但产生的效果却有天壤之别。

（3）精准化关怀。企业工作人员在面对不同的客户时，如孕妇、儿童、老人、残障人士等，应认真思考与分析其具体需求，以便给予其精准化、差异化的关怀服务。

（4）全面接触客户。企业应通过客户关怀全面接触客户，一方面要注重与客户的全面

沟通和互动，给予客户有充分表达的机会；另一方面要注重客户的反馈，通过各种渠道主动收集客户意见。

二、客户关怀的内容

客户关怀应贯穿产品与服务的各个环节，包括售前服务、售中服务及售后服务。具体而言，客户关怀的内容主要有售前客户关怀、售中客户关怀及售后客户关怀等。

头脑风暴

一位客户正在餐厅用餐，突然他的电话铃声响起来了。接了电话后，这位客户把服务员叫了过来。

客户："你好，有点事麻烦你，你能把我的座位调到大厅的那个角落的空座位吗？"

服务员："为什么呢？先生，你不是已经在就餐了吗？这样做会很麻烦的，你为什么刚才不选一个更好的座位呢？"

客户："刚才是我一个人吃饭，无所谓，现在我的朋友要来，她比较内向，在角落里吃饭可能会让她感觉更舒适，真是不好意思，能帮帮忙吗？"

服务员："那也没有办法，换位置后我们也很麻烦的。下次你选座位的时候考虑周到一点啦。"

客户脸上闪过一丝失望的神情，没有再说一句话。

上述服务员的做法存在哪些不妥之处？为了给予客户更好的关怀，服务员应该怎么做？

（一）售前客户关怀

售前客户关怀是指在产品销售前通过产品推广、展示会等方式为客户提供多样、优质的售前服务，从而使客户对企业形成良好的第一印象。例如，汽车销售公司在新车上市时会开展一系列活动，从而吸引客户来到现场进行体验、试驾等。

售前客户关怀不仅能帮助企业发现客户需求，及时为客户提供产品信息与服务建议等，还能鼓励和引导客户购买产品或服务，促使企业与客户建立良好的合作关系。

（二）售中客户关怀

售中客户关怀是与企业提供的产品与服务紧紧联系在一起的，从订单的处理、发货到与之有关的各个细节都要与客户的期望和需求相吻合，从而使客户满意。

售中客户关怀不仅可以为客户提供各种便利，如简化购买流程、提供包邮服务等，还可以让客户产生良好的购买体验，提高客户满意度。

（三）售后客户关怀

售后客户关怀是指着眼于跟进与解决客户的维护问题，通过关怀、提醒、建议等方式实现与客户的良好互动，从而促使客户产生重复购买行为的过程。

向客户提供优质、全面、周到的售后客户关怀，是企业争夺客户资源的重要手段。因此，企业应积极地与客户保持联系，主动了解客户的使用感受与意见，及时解决客户的问题，从而提升客户满意度。

三、客户关怀的方法

常用的客户关怀的方法有以下几种。

（一）通过通信工具关怀客户

企业可以通过通信工具（如微信、短信等）关怀客户。具体而言，企业应在了解客户需求、客户使用产品或消费服务情况的基础上，利用通信工具适时给客户发信息（如生日祝福、活动消息等），力求与客户建立、保持和发展一种长期、良好的关系，从而增强客户对本企业产品或服务的满意度。

（二）通过网站关怀客户

企业可以通过网站或电子商务平台关怀客户，及时为客户提供多样的产品与服务。要想通过网站做好客户关怀，企业需要注意以下几点。

（1）提供客户需要的内容。企业应提供客户需要的内容，而不是企业想让客户看到的内容。

（2）定期维护与更新内容。企业应定期维护与更新网站内容，以吸引客户持续访问浏览，还可视情况将旧内容整理成资料库，以供客户参考查询。

（3）从客户角度考虑。企业应尽量简化网站注册流程与登录步骤，方便客户查询或增修个人相关资料，从而使客户乐于重复登录企业的交易平台。

（4）善用客户资料。企业应善用客户资料，合理筛选需要的信息，掌握客户的喜好与需求，进而适时地提供最佳服务。

（三）通过呼叫中心关怀客户

企业合理利用呼叫中心，不仅能提高服务效率和管理水平，还能更好地了解客户、服务客户和维系客户。例如，自动语音设备可全天候为客户提供礼貌、热情的服务。企业还可以通过呼叫中心关怀客户，及时关注并挖掘客户的新需求，为客户提供更多、更新的产品与服务。

任务三　处理客户投诉

任务导入　　"标签门"事件

在客户关系管理交流会上，方先生说："我在某生鲜超市购买胡萝卜时发现，工作人员直接将 9 日、10 日、11 日的标签撕下换上了 15 日的标签。于是我向店长反映了这个问题，店长却称涉事工作人员是外聘第三方员工，其个人行为与该门店无关。我对店长的解释很不满意，遂向市场监管部门进行了投诉。"

"标签门"事件

方先生继续说："随后，该生鲜超市对此进行了积极回应。回应原文如下：有关媒体报道我店员工给胡萝卜更换新标签一事，经核查属实。羞惭之余，我们认为必须郑重表态，并采取改进措施。首先，这种行为是绝不允许的，这严重违背了我们对消费者的承诺。从今天起，全国所有门店开展自查，杜绝类似情况发生。其次，即使包装破损需要重新包装，也应当保留原标签。公司运营团队将在一周内修订完成更细致的操作标准，对全国所有门店员工进行培训，由店长负责执行到位。再次，此事暴露了我们在管理上存在漏洞，应当由管理团队而不是一线员工承担责任，因此取消对当事员工的处罚。最后，感谢广大顾客、媒体、管理部门的监督。我们感谢消费者的诸多赞誉，也有勇气面对不足，努力改进。谢谢大家！"

请思考：客户投诉对企业来说有什么意义？

客户投诉是指客户因使用的产品或接受的服务与自己的期望有差距，或购买的产品存在缺陷与不足，或对服务质量不满意，而通过各种途径表达对产品或服务的不满，提出具体要求，并请相关部门给予解决和答复的行为。

 知识贴士

有些管理者认为客户投诉是不好的，他们常将"零投诉"作为考核员工的一项指标。其实，这种想法是错误的。客户投诉是联系客户和企业的纽带，是客户送给企业的"礼物"。从某种意义上来说，那些愿意对企业表达不满并提出意见的客户，才是期待企业做出改变，很可能继续使用企业的产品或服务的客户。因此，企业一定要正确认识客户投诉，加强与客户的联系。

一、客户投诉的作用

客户投诉表面看来是客户表达对企业产品或服务的不满与批评，但实质上体现的是客户对企业的信赖与期待。企业如果将投诉客户视为敌人，必将阻碍自身发展。具体而言，客户投诉对企业来说具有以下几个作用。

（一）防止客户流失

客户对企业的产品或服务感到不满时，既可以向企业反映问题，从而获得解决措施；也可以一走了之，从此不再使用企业的产品或服务。如果客户选择不再与企业进行交易，企业连消除他们不满的机会都没有，这势必会造成客户流失。因此，客户投诉可以为企业提供防止客户流失、恢复客户满意度的最直接的补救机会。

（二）减少负面影响

一般来说，客户对产品不满意不但会停止购买企业的产品或服务，还会向他人诉说自己的不满，从而给企业带来负面的口碑传播。但是，企业如果能够鼓励客户在感到不满时向企业投诉，为客户提供直接宣泄的机会，则会使客户的不满和宣泄处于企业的控制之中，从而减少客户向他人诉说的可能性，减少投诉对企业的负面影响。

（三）提供有价值的市场信息

作为联系客户和企业的纽带，客户投诉可以为企业提供有价值的市场信息。企业应充分挖掘客户投诉的内容，仔细研究客户的实际需求，以改进产品，提高服务质量。

> **典型案例**
>
> ### 从投诉中发现商机
>
> 一天，某经销商向某沙发厂的工作人员投诉："由于沙发体积大而仓库门小，将沙发搬进、搬出就很不方便，还会在沙发上留下划痕。"为了降低客户的损失，该沙发厂进行了大量市场调研，并积极寻找该问题的解决措施。两个月后，沙发厂生产出了可以拆卸的沙发，不仅有效解决了客户的难题，还受到了市场的欢迎和客户的肯定。这一商机正是从客户投诉中发现的。

（四）提供预警信号

客户投诉可以为企业提供预警信号，促使企业发现自身的问题，避免出现更大的危机。例如，企业从客户投诉中发现产品存在严重的质量问题，随后立即收回问题产品并进行补

救。虽然企业的短期效益受到了损害，但在很大程度上避免了问题产品可能给客户带来的更大伤害及随之而来的纠纷。

头脑风暴

　　"人人都喜欢听赞美的话，可是客户如果只说好听的话，一味地纵容，则会使我们懈怠。没有挑剔的客户，哪有精良的产品？所以，面对挑剔的客户，我们要虚心求教，这样才不会丧失进步的机会。"某电器的创始人说，"客户表达不满，经常是我们反败为胜的良机。我们在诚恳地处理客户投诉的过程中，与客户建立了更深一层的关系，因而意外地获得了新的生意。所以，对于提出投诉的客户，我非常感激。"

　　谈一谈你对这段话的感想。

二、客户投诉的类型

　　只有对客户投诉的类型有所了解，才能为日后有效处理客户投诉奠定基础。通常情况下，客户投诉可以从不同角度进行分类；而对于某一起具体的客户投诉而言，也可以从多个角度进行界定。具体来说，常见的客户投诉类型有以下几种。

（一）根据投诉的原因划分

　　根据投诉原因的不同，客户投诉可分为产品质量投诉、服务投诉、价格投诉和诚信投诉。

1. 产品质量投诉

　　产品质量投诉是指客户因产品有缺陷、产品规格不符合标准、产品出现故障等而提出的投诉。例如，客户因购买的全自动洗衣机在使用过程中自动断电而向企业提出了投诉。有关数据表明，在各类投诉中这类投诉的占比最大。

2. 服务投诉

　　服务投诉是指客户因对企业工作人员的服务方式或态度等不满意而提出的投诉。例如，客户向企业工作人员询问产品相关参数时，对企业工作人员爱理不理的态度极为反感，遂进行了投诉。

3. 价格投诉

　　价格投诉是指客户认为其购买的产品或服务价格过高，觉得物非所值而提出的投诉。例如，客户花了 200 元在 A 店铺购买了一件外套，可随后在 B 店铺中发现了标价为 150 元的同款外套。客户认为 A 店铺标价过高，遂进行了投诉。

4. 诚信投诉

　　诚信投诉是指客户发现其购买的产品或服务与企业所宣传、承诺的标准不一致而提出

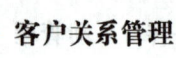

的投诉。例如，有些企业向客户承诺若产品出现质量问题就包退包换，但当客户提出退换货要求时，却找各种理由推托。

典型案例

勿让"缺斤少两"减损舌尖上的信任

一次，一位客户在某火锅店就餐时发现，一份标注质量为 200 克的毛肚实际只有 138 克。随后，该火锅店对此回应称，产品特性导致水分流失，客户反馈的问题属员工操作失误所致，已加强整改，并向客户当面道歉，支持客户依法维权。

《侵害消费者权益行为处罚办法》明确规定，经营者向消费者提供有关产品或服务的信息应当真实、全面、准确，不得有虚假或者引人误解的宣传行为。标注 200 克的食品到了客户手中仅为 138 克，少了近三分之一。无论出于什么原因，这都会降低客户对商家的信任。

"下次吃火锅要带秤了"，网友评论虽很诙谐，却也反映出了消费者对自身权益的重视。"加强整改"的态度固然重要，但滞后的道歉、事后的解释并不能挽回口碑，更不能作为商家失信的挡箭牌。

（二）根据投诉的行为划分

根据投诉行为的不同，客户投诉可分为消极抱怨型投诉、负面宣传型投诉、发泄愤怒型投诉和极端激进型投诉。

1. 消极抱怨型投诉

消极抱怨型投诉主要表现为，客户不停地抱怨、数落企业各方面的不足，其投诉重点在于表达内心的不满。例如，客户不停地向银行客户服务经理抱怨，办理业务排队耗时太长、柜台人员办事效率不高，等等。

2. 负面宣传型投诉

负面宣传型投诉主要表现为，客户在公共场合批评企业的产品或服务，其投诉重点在于"广而告之"企业产品的缺陷或服务的不足。例如，客户在某饭店门外向准备进店就餐的人说："这家饭店的菜不好吃还贵，我建议你还是换一家饭店。"

3. 发泄愤怒型投诉

发泄愤怒型投诉主要表现为，客户的情绪比较激动，其投诉重点在于以愤怒、敌对的方式宣泄自己的不满。例如，客服人员不小心弄脏了客户的衣服，客户便厉声指责客服人员为什么这么不小心，并要求客户服务经理将这名员工开除。

4. 极端激进型投诉

极端激进型投诉主要表现为，客户以极端的方式与企业工作人员发生口角或做出一些过激行为，不达目的决不罢休。例如，客户因自己操作方法不当造成产品损坏，到店提出退换货并遭到企业工作人员拒绝后，顿时心生怨气，打砸店铺。

（三）根据投诉的性质划分

根据投诉性质的不同，客户投诉可分为建议性投诉、批评性投诉和控告性投诉。

1. 建议性投诉

建议性投诉主要表现为，客户发现了企业提供的产品或服务存在不足，虽然其利益没有受到损害，但仍会向企业提出建议，并希望企业采纳自己的建议。例如，客户向超市建议，在消费高峰期增设收银台，缩短排队时间。

2. 批评性投诉

批评性投诉主要表现为，客户心怀不满，但情绪相对平静，只是把这种不满告诉企业，而不一定要企业做出相应的承诺。例如，客户向企业反映销售人员迟迟未兑现赠送礼盒的承诺，以表达自己的不满。

3. 控告性投诉

控告性投诉主要表现为，客户已被激怒，情绪激动，并要求企业做出相应承诺。例如，客户食用某食品后，出现食物中毒症状，遂要求食品厂进行赔偿。

当然，上述三种不同性质的投诉并不是一成不变的，它们之间是可以互相转化的。例如，不被理睬的建议性投诉可能会进一步变成批评性投诉，甚至有可能发展成控告性投诉。

（四）根据投诉的严重程度划分

根据投诉严重程度的不同，客户投诉可分为一般投诉和重大投诉。

1. 一般投诉

一般投诉是指所涉及的问题不太严重，没有对客户造成严重的损害或者客户的投诉言行影响不是很大的投诉。例如，客户向超市投诉购买的半成品菜不新鲜。

2. 重大投诉

重大投诉是指所涉及的问题比较严重，且对客户造成了较大伤害的投诉。例如，客户向企业投诉汽车刹车不灵，险些酿成交通事故。

三、客户投诉的分析

（一）投诉客户的性格分析

在处理客户投诉的过程中，企业工作人员会遇到性格迥异的客户。因此，企业工作人员应学会分析不同投诉客户的性格，以恰当的方式与客户进行沟通交流，进而有效解决客户提出的问题。

1. 感情用事型

感情用事型的投诉客户往往情绪激动、喋喋不休，恨不得把所有的不满都归咎于企业，甚至还会威胁企业工作人员。面对这样的客户，企业工作人员务必保持冷静，让其尽情发泄不满情绪，仔细倾听并表示理解，同时做好安抚工作，待客户情绪平复后再处理投诉问题。

2. 固执己见型

固执己见型的投诉客户往往听不进去别人的话，只坚持自己的观点和想法。面对这样的客户，企业工作人员要先表示理解，然后耐心劝说客户换位思考，并向其解释企业所提供的解决方案。

3. 无理取闹型

无理取闹型的投诉客户往往喜欢无中生有，并把自己的意志强加给企业工作人员。面对这样的客户，企业工作人员应保持冷静，以不变应万变。在真诚地为客户解释说明后仍未取得任何效果时，企业工作人员可以给客户一些冷静下来思考的时间，待其情绪平复后再处理投诉问题。

4. 暴力倾向型

暴力倾向型的投诉客户往往容易激动，要求马上解决问题，一言不合就想使用暴力。面对这样的客户，企业工作人员首先要保证自己的安全，然后根据客户的面部表情和语言表现，如眼神、脸色、语音、语调等，判断客户是否存在暴力倾向。当客户变得难以自控或对他人可能造成伤害时，企业工作人员应立即寻求援助，避免事态进一步恶化。

5. 有备而来型

有备而来型的投诉客户往往对投诉的程序和所得利益有一定的了解。他们不仅了解《中华人民共和国消费者权益保护法》（以下简称《消费者权益保护法》），熟悉产品或服务的相关知识和标准，而且掌握企业以往的客户投诉情况及处理方式，甚至还会用录音等方式记录与企业工作人员的谈话内容。面对这样的客户，企业工作人员一定要谨言慎行，弄清楚事情的前因后果后再提供解决方案，避免因承诺没有兑现而招致客户再次投诉。

6. 宣传扩大型

宣传扩大型的投诉客户往往会利用媒体报道对企业进行施压。当事情处理结果达不到他们的预期时，他们会选择向媒体曝光。面对这样的客户，企业工作人员要在第一时间，利用优质的服务解决客户投诉，避免因事件处理不当而迅速发酵为舆情事件，进而对企业造成严重影响。

管理视野

《消费者权益保护法》对消费者权利的规定

第七条　消费者在购买、使用商品和接受服务时享有人身、财产安全不受损害的权利。

第八条　消费者享有知悉其购买、使用的商品或者接受的服务的真实情况的权利。

第九条　消费者享有自主选择商品或者服务的权利。

第十条　消费者享有公平交易的权利。

第十一条　消费者因购买、使用商品或者接受服务受到人身、财产损害的，享有依法获得赔偿的权利。

第十二条　消费者享有依法成立维护自身合法权益的社会组织的权利。

第十三条　消费者享有获得有关消费和消费者权益保护方面的知识的权利。

第十四条　消费者在购买、使用商品和接受服务时，享有人格尊严、民族风俗习惯得到尊重的权利，享有个人信息依法得到保护的权利。

第十五条　消费者享有对商品和服务以及保护消费者权益工作进行监督的权利。

（二）投诉客户的心理需求分析

企业工作人员处理客户投诉的过程实际上就是不断权衡客户需求，并在一定程度上满足客户需求的过程。企业工作人员通过分析投诉客户的心理需求，可以更好地掌握沟通中的主动权，达到事半功倍的效果。投诉客户常见的心理需求一般有以下几种。

1. 求发泄心理

抱有求发泄心理的投诉客户，其最基本的心理需求是将自己的不满、怨气发泄出来，释放和缓解自己不愉快的情绪，从而恢复心理上的平衡。当客户发泄不满情绪时，企业工作人员要耐心倾听，切忌打断客户。另外，企业工作人员还要尽可能地营造出愉悦的氛围，引导客户走出低落的情绪。需要注意的是，在与这类客户进行沟通时，企业工作人员一定要把握好尺度，否则宁可做一个耐心的倾听者，也不能让客户感到不受重视，导致彼此之间的关系进一步恶化。

头脑风暴

很多企业在招聘企业工作人员时对其性格都有所要求，如活泼开朗、乐观向上等。为什么？

2. 求尊重心理

抱有求尊重心理的客户在投诉时，常希望得到企业工作人员的尊重和重视。一般情况

下，企业工作人员只要表现出充分的理解、高度的重视、设身处地的关心，并真诚地道歉，往往不需要采取更多的措施，就能取得客户的谅解，甚至使其成为企业的忠诚客户。如果确实存在客户做法欠妥当的情况，企业工作人员也要用巧妙的方法给客户台阶，满足客户求尊重心理的需要，进而解决投诉问题。

> **头脑风暴**
>
> 　　张先生在某商店购物时，觉得店内的空调温度太低，便找到店员希望将空调温度调高一点。但店员一直忙着手头的工作，甚至连头都没有抬一下。这让张先生很生气，于是找到商店经理进行了投诉。
> 　　**请分析张先生投诉的原因。**

3．求补偿心理

抱有求补偿心理的客户觉得自己的利益受到了损害，希望通过投诉获得一定补偿，以挽回损失。一般情况下，客户期望得到的补偿不仅包括财物上的补偿，还包括精神上的补偿。因此，当客户提出补偿要求时，企业工作人员不能敷衍了事，要给出明确的答复，但千万不要做出没有把握的承诺，避免因后续履约问题引发客户的二次不满。

4．求认同心理

抱有求认同心理的客户会努力向企业证明他的投诉是正当的、合理的，希望得到认同。面对这类客户，企业工作人员要对客户的感受、情绪表示充分的理解和尊重。

例如，当客户很生气时，企业工作人员可以说："我能理解您的心情，您别气坏了身体，坐下来慢慢说，我们商量一下怎么解决这个问题。"在这个回应中，企业工作人员不仅对客户的情绪表示认同，还对客户期望解决问题的态度表示认同，但企业工作人员并没有轻易地给出问题的解决方案，而是给出了一个协商解决的信号。这样，客户求认同的心理得到回应，有助于拉近彼此的距离，为后续的协商处理营造了良好的沟通氛围。

5．求表现心理

有些投诉客户有一种潜在的表现心理，他们喜欢提一些建议性的投诉，如"你们怎么可以这样做，你们应该那样做"等，并通过这种方式获得一种成就感。面对抱有求表现心理的投诉客户，企业工作人员应认可其建议中的合理部分，并向其表示感谢，使其获得成就感。

6．报复心理

存有报复心理的客户，不计个人得失，不考虑行为后果，只想发泄怨恨。面对这类客户，企业工作人员应通过各种方式提醒对方保持冷静，以便后续妥善处理投诉问题。但是，当这类客户难以自控或给企业造成一定负面影响时，企业工作人员要注意收集和保留相关证据，并提醒客户这些证据的存在，以使客户有所忌惮，避免问题的进一步恶化。

别再让恶意投诉坑害老实人

近日，一起刑事案件引起社会各界的广泛关注与讨论。在这起案件中，犯罪嫌疑人朱某利用某打车软件的系统漏洞，在几个月内通过帮其他客户投诉获取代金券的方式，恶意投诉2 000多名网约车司机，非法获利近8 000元。最终，朱某因涉嫌诈骗，被警方依法刑事拘留。

朱某以一己之力"坑"了2 000多名网约车司机固然是一起极端个例。但是，这类恶意投诉的影响范围，却绝不仅仅局限于个例。此前就有媒体报道，有不少人在二手交易平台依靠恶意投诉，做打车代金券的"生意"。而在外卖领域，部分客户恶意投诉外卖骑手，也让不少外卖骑手苦不堪言。在最早引入差评机制的电商领域，甚至还发展出了"差评师"这样的职业。显而易见，恶意投诉现象已经成为互联网服务平台根深蒂固的一大"顽疾"。

按理说，打车软件也好，外卖软件也罢，任何互联网服务平台设立投诉功能的初衷，都是为了维护消费者的合法权益，防止相关从业者违反职业道德，侵害消费者利益。然而，恶意投诉的泛滥，对于那些没有坏心思，只想在真正遇到问题时正当使用投诉权的消费者而言，损害了他们行使权利的空间。

（资料来源：杨鑫宇，《别再让恶意投诉坑害老实人》，

《中国青年报》2021年6月11日，有改动）

（三）客户投诉的原因分析

1. 企业原因

（1）产品或服务质量问题。由产品质量引起的客户投诉主要包括产品质量有缺陷、产品规格不符合标准、产品出现故障等，如客户购买的新电脑一直闪屏。由服务质量引起的客户投诉主要是因为企业所提供的服务没有达到质量标准，如企业工作人员操作失误，办错业务给客户带来不便。

（2）服务态度或方式问题。由服务态度或方式引起的客户投诉主要是因为客户对企业工作人员的服务态度或服务方式不满。例如，企业工作人员对待客户冷漠、粗鲁、没礼貌、缺乏耐心，对客户的提问和要求漠不关心，服务僵化，等等。

2. 客户自身原因

一般情况下，客户对企业的产品或服务缺乏一定了解时就会产生误会，进而产生无效投诉。面对这样的投诉，企业工作人员应耐心地向客户解释，帮助客户解决实际问题。

3．其他原因

　　除了企业和客户本身的原因，造成客户投诉的原因还包括但不限于以下几个方面。

　　（1）由购销合同引起的投诉。由于产品数量、规格、交货日期等与购销合同规定不符，客户就此提出投诉。例如，客户根据购销合同向企业支付了10件产品的货款，却只收到了8件产品。

　　（2）由产品运输引起的投诉。由于产品在运输途中发生损坏、丢失、变质或装卸不当等，客户遭受损失，便会进行投诉。例如，客户购买的灯具在运输途中被打碎了。

　　（3）由过度宣传引起的投诉。由于企业的过度宣传，客户购买产品后感觉上当受骗，便会进行投诉。例如，有些企业对其产品功能夸大其词，导致客户期望值过高；而有些企业对其产品功能含糊其词，误导客户。

四、客户投诉的处理

（一）处理客户投诉的目的

1．消除不满，恢复信誉

　　处理客户投诉的首要目的便是消除投诉客户的不满，恢复企业的信誉。研究表明，如果投诉得到解决，50%～70%的投诉客户还会再次与企业进行交易；如果投诉得到快速解决，则这一占比还会上升。因此，企业积极、有效地处理客户投诉不仅可以重建客户对已购产品或服务的信任，增加客户黏性，还可以维护自身形象。

2．提高品质，促进发展

　　如何利用客户投诉促进自身发展是企业的一项很重要的能力。企业应通过处理客户投诉，不断提高自身的产品质量和服务水平，从而为客户提供更优质的产品和服务。例如，海尔集团收到客户"冷冻肉不能直接切割，解冻难"的投诉后，经过市场调研和反复试验，成功推出了一款名为"快乐王子007"的冰箱。这款冰箱比普通冰箱多了一个-7℃的软冷冻室，其中储存的肉类不用解冻便可直接切割，因此该款冰箱受到了广大客户的青睐。

（二）处理客户投诉的原则

　　在处理客户投诉的过程中，企业工作人员应遵循以下四项原则。

1. 有章可循

处理客户投诉时，企业工作人员要遵循相应的规章制度，做到有章可循，保证服务的统一和规范。

2. 及时处理

处理客户投诉时，企业工作人员应通力合作，迅速做出反应，力争在最短的时间内解决投诉问题，给客户一个满意的答复。拖延时间或推卸责任会进一步激怒投诉客户，导致投诉升级，使事情变得更难解决，这显然不是明智的选择。

3. 分清责任

处理客户投诉时，企业工作人员不仅要分清造成客户投诉的责任部门和责任人，还要明确负责处理投诉的部门及人员的具体责任。

4. 留档分析

企业工作人员需要对每一起客户投诉做详细的记录，主要包括投诉原因、投诉对象、投诉内容、解决方案、客户满意度等，并填写客户投诉处理表（见表 6-2）。通过记录，企业工作人员应认真分析产生投诉的原因，总结经验、吸取教训，为日后更好地处理其他客户投诉提供参考。

表 6-2 客户投诉处理表

客户名称	
投诉日期	
投诉方式	
受理中心/受理人	
投诉内容	
简述经过	
责任部门	
责任人	
事实认定	
解决方案	
投诉客户满意度	

（三）处理客户投诉的流程

1. 快速做出反应

客户会因各种各样的原因对企业进行投诉。客户如果提出投诉后得不到企业及时的关注和反馈，就会觉得自己不受企业的尊重，进而对企业彻底失去信心。因此，对于企业来说，只要客户进行了投诉，就需要积极快速回应。否则，时间拖得越久，客户的积怨越深，企业工作人员处理的难度就越大。

2. 安抚客户情绪

无论造成客户投诉的原因是什么，企业工作人员在接待投诉客户时，都要以热情的态度、真诚的歉意安抚客户的情绪，待客户情绪缓和后，再处理具体的问题。一般情况下，大多数投诉客户是为了发泄自己的不满情绪，只要他们得到企业工作人员的同情和理解，就会消除怨气，进而理性对待投诉问题。但在实际工作中，很多企业工作人员都忽略了这一点，只顾着解决问题却忽略了安抚客户的情绪。

3. 记录投诉内容

接待投诉客户时，企业工作人员要把客户反映的问题记录下来，做好客户投诉登记工作，并通过分析尽快处理好客户投诉。需要记录的内容主要包括投诉对象、投诉内容、投诉时间、客户购买产品的时间、客户要求、客户的联系方式等。

4. 判断事实真相

在通常情况下，投诉客户总是强调那些支持自己观点的内容。因此，企业工作人员在了解客户投诉的主要内容后，还应核实客户反映的内容是否属实，评估客户投诉是否合理，判断投诉成立与否。

如果投诉成立，企业工作人员应当向客户表示感谢，如说"非常感谢您的投诉，让我们有机会为您弥补损失"。让客户感到他和他的投诉是受企业欢迎的，他的意见很宝贵。客户一旦受到鼓励，往往还会提出其他对企业有用的意见或建议，从而给企业带来更多有益的信息，促进企业的发展。如果投诉不成立，企业工作人员应通过委婉的方式使客户认清是非曲直，消除误会。

5. 分析投诉原因

根据客户投诉的内容，企业工作人员需要分析客户投诉的原因，然后确定投诉处理责任部门及相关的具体受理负责人。例如，若属运输问题，则交储运部处理；若属质量问题，则交质量部处理。分析投诉原因不仅是找出客户投诉问题症结的关键，也是及时处理客户投诉的关键，还是将来避免出现类似投诉事件的重要保障。

6. 提供解决方案

根据实际情况，企业工作人员应提供解决投诉的具体方案，如退货、换货、维修、补偿等。但在提供解决方案时，企业工作人员应注意以下几点。

（1）掌握问题重心，分析投诉问题的严重性。在对投诉问题的症结予以确认之后，企业工作人员要判断问题的严重程度及客户的期望，这些都是企业工作人员在提出解决方案前必须考虑的。例如，如果客户对配送时间延迟十分不满而进行投诉，企业工作人员就必须先确认此行为是否已对客户造成经济上的损失，若客户希望得到补偿，则需要确认补偿方式是什么，补偿金额是多少，等等。

（2）明确权限范围。有些客户投诉可以由企业工作人员立即处理，有些则必须报经上一级负责人同意后进行处理。企业工作人员无法为客户解决问题时，必须尽快将问题移交给具有决定权的负责人，避免客户因久等得不到回应而加重抱怨情绪，进而使之前为平息客户情绪所做的各项努力都前功尽弃。

（3）为客户提供选择。通常，问题的解决方案并不是唯一的。企业工作人员如果能为客户提供多种解决方案，则会使投诉处理更高效。同时，在具体实施过程中，客户亲自选择的解决方案也会得到本人的更多认可和配合。

7. 实施解决方案

企业应严格按照与客户的约定尽快实施解决方案，提高客户满意度。如果迟迟未落实解决方案，客户不仅会质疑企业的办事效率，还会加重不满情绪。例如，企业工作人员答应为客户更换问题冰箱，却迟迟没有安排工作人员为客户换货，致使客户投诉升级，而先前做出的努力也都付诸东流。

8. 提供后续服务

处理投诉后，企业工作人员还应为客户提供后续服务，如通过打电话或者登门拜访的方式了解事情的进展是否如客户所愿，调查客户对投诉解决方案实施情况是否满意。如果客户仍不满意，企业工作人员还应及时对解决方案进行修正，直到提出让客户满意的方案为止。

为客户提供后续服务不仅可以体现企业对客户的诚意，给客户留下一个良好印象，还可以向客户表明企业的态度，进而提高客户黏性和忠诚度，提升企业形象。

 知识贴士

企业工作人员在处理客户投诉时常见的错误行为主要有以下几种。

（1）在事实澄清前揽下责任，一味地道歉或者自我批评。

（2）与客户争辩、争吵，不承认错误，只强调自己正确的方面，言辞激烈并带有攻击性。

（3）教育、批评、讽刺、怀疑客户，或者直接否定客户的意见。

（4）表示或暗示客户不重要，为解决问题设置障碍，责难客户。

（5）问一些没有意义的问题，以期找到客户的错误，避重就轻，无视客户的关键需求。

（6）言行不一，缺乏诚意，拖延时间。

（四）处理客户投诉的技巧

1. 控制情绪

如果客户存在过激的语言和行为，有些企业工作人员往往会因受到攻击而情绪失控。一旦企业工作人员与客户发生争论，事态就会更加严重，企业的形象和信誉也会跟着受损。因此，在处理客户投诉时，

客户投诉处理技巧

企业工作人员要学会控制自己的情绪，充分理解客户表现出来的失望、懊丧、愤怒或其他过激情绪，努力缩短与客户之间的心理距离，为有效解决投诉问题奠定基础。

2．耐心倾听

在处理客户投诉时，企业工作人员要学会耐心倾听，从而了解投诉客户的来访目的，明确客户投诉的问题。在倾听过程中，企业工作人员要适时给予客户恰当的反馈，一方面表明自己正在认真聆听，并在努力思考解决方法；另一方面表明自己态度非常诚恳，非常愿意为客户排忧解难。

3．换位思考

在处理客户投诉的过程中，企业工作人员的态度与表现，往往会影响客户的感受及满意度。漠视客户的痛苦是企业工作人员处理客户投诉的大忌。因此，企业工作人员要有换位思考的意识，想客户之所想，急客户之所急，着眼于解决问题，而不是解释问题。只有这样，企业工作人员才有可能真正把握客户投诉的关键，以最合适的方式与客户交流，从而成功地解决投诉问题。

典型案例

我家快变成游泳池了

李莉是某房地产开发商的客户服务中心客户经理，负责接待和处理客户投诉。某天，李莉刚上班就接待了一位投诉房子漏水的客户。

一、礼貌接待

客户："你们的经理在哪？我要找经理！"

李莉："先生，您好！我是客户经理李莉，请问有什么需要帮忙的吗？"

客户："帮忙？我家都快变成游泳池了！"

李莉："先生，您先别着急，有什么事儿我帮您解决，请您坐下来慢慢说。"

客户："我不坐，又不是你家房子出了问题，你当然不着急！"

李莉给客户倒了一杯水，说："先生，我非常理解您的心情，但是只有您跟我说清楚情况我才知道怎么帮您啊。来，您先喝杯水消消气，坐下来慢慢说。"（情绪安抚）

（客户很不情愿地坐了下来，喝了口水）

二、倾听客户发泄，记录客户投诉内容

李莉："先生，请问您贵姓？"

客户："我姓王！"

李莉："王先生，您能跟我说说您的房子出了什么问题吗？"

客户："什么问题？就是你们开发商欺骗客户！当初你们为了卖房子，把这座破楼的质量吹得跟皇宫似的！我上了你们的当，花了100多万元买了你们的房子。可现在出了问题再找你们，一遍一遍地反映也没有得到解决！"

（注意把客户的情绪引导到实际问题中）

李莉："对不起，王先生，我理解您的心情。您放心，我会竭尽全力帮您解决问题的。您能不能告诉我，您的房子具体出现了什么问题？"

客户："我是上个月搬进来住的。上周二下大雨，我就发现墙壁渗水，墙上新贴的壁纸湿了一大片。我立马打电话找物业，可物业工作人员告诉我说当时没工人，让我第二天再打电话联系。结果第二天打电话给物业，他们又说没人，一拖再拖，最后被我逼得没办法了，他们才派了两个人去我家检查。那两位师傅检查完说是房子的外墙有问题，帮我做了一遍防水。我以为这样问题就解决了，可是前天下雨墙壁又渗水了！我气得又打电话找物业，结果他们告诉我说墙壁渗水是施工质量有问题，他们管不了，让我找开发商。你说这怎么办？我要退房！"

三、判断投诉是否成立，确定客户投诉部门

（根据客户投诉的内容，确定投诉处理部门和程序）

李莉："王先生，对不起，您别生气。真像您这么说，物业公司确实有问题。您放心，我来帮您解决房子漏水的问题。"

客户："怎么解决？"

四、提出解决方案

（根据实际情况，参照客户的处理要求，提出解决方案）

李莉："王先生，我马上跟物业公司协商，并派公司的专业技术人员去您家看看。如果属于施工质量问题，我们保证负责到底；如果不属于施工质量的问题，我们也会协助物业公司帮您解决。您看这样可以吗？"（以商量的语气争取客户的同意）

五、达成协议并再次道歉

客户："一定要说到做到。"

李莉："放心，一定。非常感谢您对我们的信任，再次表示抱歉。"

知识试练

一、不定项选择题

1. 沟通是（　　）的基础。

 A．实现客户满意度　　　　　　B．维护客户关系

 C．防止客户流失　　　　　　　D．防止客户投诉

2. 复述事实可以（　　）。

 A．分清责任　　　　　　　　　B．提醒客户

 C．展现职业素质　　　　　　　D．及时表达感受

3．客户关怀的内容包括（　　　）。

 A．售前   B．售中   C．售后   D．购买产品

4．客户投诉的心理需求包括（　　　）。

 A．求发泄   B．求尊重   C．求补偿   D．求认同

5．处理客户投诉应遵循的原则有（　　　）。

 A．有章可循 B．及时处理 C．分清责任 D．留档分析

二、判断题（正确的打"√"，错误的打"×"）

1．企业客服人员应站在客户的立场上与客户沟通。   （　　　）

2．客户与企业沟通的途径包括面谈、电话、电子邮件、微信等。 （　　　）

3．企业工作人员在面对结果型客户时，应挑战客户的权威地位。 （　　　）

4．呼叫中心可以帮助企业了解客户、服务客户和维系客户。   （　　　）

5．客户投诉可以为企业提供防止客户流失的最直接的补救机会。 （　　　）

三、简答题

1．客户沟通的策略有哪些？

2．处理客户投诉的原则有哪些？

四、案例分析题

一场投诉风波

一天，马女士来到某空调专卖店的服务中心，怒气冲冲地质问服务人员："安装空调的韩师傅去哪里了？"客服人员小刘忙问有什么可以帮忙的。马女士说，韩师傅早上去她家安装的空调质量太差，要求退货。

面对怒气冲冲的马女士，小刘没有急于询问原因，而是把马女士带到接待室，给她端来一杯茶水，并安慰她不要着急，表示公司绝不会不负责任的，有什么问题一定能够解决。

面对态度友好的小刘，马女士不好意思再盛气凌人，便开始道出缘由。原来，马女士家中早上刚刚安装的空调，刚开机不久就停止运转了。无论怎么按遥控器也无法启动。她认为空调质量不好，要求退货。

听了马女士的要求，小刘没有立即答应退货，而是与马女士商量，能否先让韩师傅到她家中检查一下空调，如果空调确实存在质量问题，保证为马女士调换或退货。对于这种合理的安排，马女士表示同意。

韩师傅经过检查发现，空调无法启动的原因是空调的电源开关保险丝被熔断了。韩师傅对马女士解释说："你家之前的电源开关保险丝太细，承载不了空调的用电负荷，我现在就为您换上大号的保险丝。"换上大号保险丝后，空调运转正常了。

搞清楚事情缘由的马女士顿感自身行为的不妥，不仅向韩师傅致谢，还特地打电话向小刘表达了谢意。

结合所学知识回答以下问题：

小刘是如何处理客户投诉的？对你有什么启示？

笃行致远

设计客户互动管理策略

〔实践描述〕

通过客户关系管理交流会上的案例，大家能够认识到客户互动的重要性，并学会如何与客户进行沟通，如何关怀客户，以及如何处理客户投诉。请以小组为单位，了解企业（如钉钉、某汽车企业、某生鲜超市等）的业务，尝试设计客户互动管理策略。

〔实践目的〕

能够设计客户沟通、客户关怀及客户投诉的管理策略。

〔实践分组〕

全班学生以 6～8 人为一组进行分组，各组选出组长并进行任务分工，将小组成员及分工情况填入表6-3中。

表6-3　小组成员及分工情况

班级		组号		指导教师	
小组成员	姓名	学号		任务分工	
组长					
组员					

〔实践过程〕

（1）选择一家企业，并查找该企业的相关资料，了解该企业的主要业务。

（2）参考所找企业，尝试设计客户互动策略，并将其记录在表6-4中。

表6-4　客户互动管理策略设计方案

项目	策略
客户沟通	1. 售前
	2. 售中
	3. 售后
客户关怀	1. 售前
	2. 售中
	3. 售后
客户投诉	1. 常见的投诉问题
	2. 解决方法
	3. 注意事项

（3）将实践过程中遇到的问题、解决方法、心得感悟等记录到实践笔记记录表（见表 6-5）中。

表 6-5 实践笔记记录表

问题记录	（1）_____ _____ （2）_____ _____
解决办法	（1）_____ _____ （2）_____ _____
心得感悟	（1）_____ _____ （2）_____ _____

（4）制作"客户互动管理策略"PPT，并在课堂上讲解。

〔实践考核〕

各组提交客户互动管理策略 PPT，并配合指导教师填写考核评价表（见表 6-6）。

表 6-6 考核评价表

项目名称	评价内容	分值	评价分数		
			自评	互评	师评
知识技能评价（30%）	掌握客户互动管理的基本理论知识	15			
	能够制定客户关怀的管理策略	15			
素养评价（30%）	具备团队精神，积极与他人合作	10			
	认真参加实训任务，按时完成任务	10			
	具备分析问题、解决问题的能力	10			
成果评价（40%）	演示文稿内容全面、重点突出、详略得当	20			
	小组代表表达能力强，逻辑清晰，且讲述的内容有说服力	20			
合计		100			
总评	自评（20%）+互评（20%）+师评（60%）=	教师（签名）：			

明德博学

坚守初心，为民服务

湖北省武汉市汉阳区公安分局信访办公室负责人廖宗安，凭借一股"韧"劲、"犟"劲、"巧"劲，先后接待群众 1.1 万余人次，成功办结了 300 余起中央、省市督办信访积案，被大家誉为"金牌调解哥"。

天天接待来访群众，经常挨骂不被理解，廖宗安没少受气，但他却总能对来访群众笑脸相迎。"没有焐不热的心，只有尽不到的情。信访工作最难的是跟来访群众打交道，很多群众其实就是想讨个说法，我们要用真情真意融化他们心头的'坚冰'。"廖宗安表示，作为一名民警，要抚慰来访群众的情绪并主动予以帮助。

公安信访工作是公安机关密切联系群众的纽带，是公安工作接受群众监督的重要渠道。通过处理一件件信访案件，廖宗安源源不断地传递着法治的温度，不但平息了群众的不满情绪，切实解决了群众的困难，还进一步提升了群众的安全感和满意度。

廖宗安以高度的敬业精神、老黄牛般的实干作风、迎难而上的奋斗意志、不断探索的创新思维和高效的执行力，在平凡的岗位上创造了非凡业绩，赢得了群众高度认可。他坚守初心、为民服务的精神品质和事迹，不仅充分体现了"以人民为中心"的发展理念，也是社会主义核心价值观的深刻表达。

（资料来源：许旷，《"金牌调解哥"廖宗安——接待万人次信访群众，保持投诉"零记录"》，《湖北日报》2021 年 7 月 28 日，有改动）

模块七

无微不至

——客户满意度管理

模块**导读**

　　随着市场竞争的加剧，客户有了更加充裕的选择空间。谁能更好地、更有效地满足客户需要，让客户满意，谁就能够获得竞争优势。

　　因此，企业要想在日趋激烈的市场竞争中立于不败之地，应正确分析客户满意度，找出企业产品与服务中存在的问题和不足，并采取积极有效的措施提高客户满意度，从而有效地保留老客户，吸引新客户，为企业创造更多的价值。

　　本模块主要介绍了客户满意度的相关知识，以及如何测评客户满意度和提升客户满意度。

素养 目标

　　（1）养成自我反省、不断总结的好习惯。

　　（2）树立正直诚信、爱岗敬业的职业观。

知识 目标

　　（1）理解客户满意及客户满意度。

　　（2）了解客户满意度的影响因素及衡量指标。

　　（3）掌握客户满意度的测评意义及测评步骤。

　　（4）掌握提升客户满意度的策略和方法。

技能 目标

　　（1）能够分析客户满意度。

　　（2）能够设计提高客户满意度方案，并提出改进措施。

任务一　　知晓客户满意度

C **任务导入**　京东"京准取"服务

某高校李老师是一位"网购达人"。在本次客户关系管理交流会上，李老师谈起自己的网购经历时，无奈地说："网购一时爽，退货麻烦涨……特别是遇到衣服尺码不合适或是拍错颜色等需要退换货的情况，很多快递企业的退换货流程让我很头疼。"

京东"京准取"服务

"联系繁忙的快递员，敲定双方都有空的时间取件，这项流程看似简单，但实际上会遇到各种麻烦。你们遇到过这种情况吗？下班后收到的快递需要退货，与快递员约好隔天一早取件，寄完正好去上班，然而左等右等不见快递员，陷入上班迟到与再等一下快递员就会出现的焦虑中……"李老师说，"在经历多次退换货后，我发现一个让我很满意的快递服务，那就是京东'京准取'服务。"

"为了解决客户在退换货时遇到的这些售后难题，京东在全国上百个城市开通了'京准取'服务。该服务将一天早九点到晚七点的 10 个小时分为 5 个时间段，客户可以根据自身的空闲时间，精准地选择让快递员在哪一个时间段内上门取件。"李老师继续分享，"无论是工作日还是周末，早、中、午、晚都有快递员上门服务。若客户选择退换货服务，在申请售后服务页面即会出现'京准取'选项，客户可以选择让快递员上门取件的时间；提交确认后，快递员将会按约准时上门取件。在前期试运营阶段，'京准取'服务的有效履约率在98%以上，得到了客户的广泛好评。"

请思考：结合自己的网购退货经历，谈一谈哪些退货服务让你满意。

一、客户满意度概述

（一）客户满意

客户满意是指客户感知的产品质量或服务与其期望的产品质量或服务相比较，所形成的一种感觉状态。客户满意一般可从以下几个方面进行理解。

（1）客户满意是客户消费了企业提供的产品或服务之后所感到的满足状态，这种状态是客户的一种心理体验。

（2）客户满意应建立在道德、法律和社会责任的基础上，有悖于道德、法律和社会责任的满意行为不属于客户满意的范畴。

（3）客户满意是相对的，没有绝对的满意。企业只有不懈地努力，才能不断提高客户满意度。

（4）客户满意有鲜明的个体差异。一个人对某产品或服务十分满意，另一个人可能对该产品或服务不满意。因此，企业应因人而异，提供有差异的产品或服务。

（二）客户满意层次

客户满意包括产品满意、服务满意和社会满意三个层次。

（1）产品满意是指企业产品带给客户的满足状态，即产品的质量、价格、设计、包装等令客户满意。产品满意是构成客户满意的基础因素。

（2）服务满意是指企业在售前、售中、售后，以及在产品生命周期的不同阶段采取的服务措施令客户满意。这主要体现在企业及其工作人员在服务过程的每一个环节都能设身处地地为客户着想，做到利于客户、方便客户。

（3）社会满意是指企业的产品或服务对社会产生的积极作用令客户满意。它要求企业的经营活动要有利于社会文明的进步。

（三）客户满意度

客户满意度是测量客户满意程度的量化指标，是指客户对企业及企业产品或服务的满意程度。客户满意度可从以下几个方面进行理解。

（1）客户满意度是一个相对概念，是客户期望值与最终感知价值之间的匹配程度。

（2）客户的期望值与其付出的成本相关，付出的成本越高，期望值就越高。例如，人们在游乐场排长队等着玩某一游乐项目，一定希望所等待的游乐项目比其他游乐项目更好玩。

（3）客户参与程度越高，付出的努力越多，客户满意度就越高，如客户一般对抢购的网店限量销售、限时秒杀的商品等比较满意。

二、客户满意度的影响因素

客户满意度是一种心理感受，是一个复杂的心理过程。不同客户的心理过程不一样，满意度就会不同，即便是同一客户在不同情况下购买同一产品或服务，其满意度也会有所不同。一般而言，影响客户满意度的因素主要有主观因素和客观因素两个方面。

客户满意度的影响因素

（一）主观因素

1. 客户期望

客户期望是指客户从各种渠道获得企业的产品或服务等信息后，在内心对企业的产品

或服务形成的一种标准，进而产生的一种期盼。例如，一位客户向商家咨询问题，他希望十五分钟内得到答案，结果不到十分钟就得到了满意答案，这时，他对商家的服务感到满意；如果在五分钟内得到了满意答案，他就会感到非常满意；如果等待时间超过十五分钟，那么他会对商家感到不满。

2. 客户感知

客户感知是指客户对企业产品或服务的感受。由于客户的经历、认知、需求等方面存在差异，不同客户对同一产品或服务的感受是不一样的。此外，同一客户在不同心理状态下，对产品的使用感受或对服务过程的体验和感知也会不同。这些都会对满意度造成正面或负面影响。

 知识贴士

客户期望、客户感知和客户满意度的关系如图 7-1 所示。

很满意：
    感知的产品或服务＞期望的产品或服务
满意：
    感知的产品或服务＝期望的产品或服务
不满意：
    感知的产品或服务＜期望的产品或服务

图 7-1　客户期望、客户感知和客户满意度的关系

（二）客观因素

1. 企业

企业的社会形象、品牌等因素都会影响客户的评价和判断。例如，如果企业的社会形象较好，具有社会责任感，客户则会对其产生良好的印象，进而选择其产品或服务；如果企业的社会形象较差，负面新闻较多，客户一般不会选择其产品或服务，更不会对其感到满意。

2. 产品

产品的性能、质量、价格、外观等是影响客户满意度最直接的因素。例如，当企业向客户提供一个在价格、质量等方面具有竞争力的产品时，客户可能会对该产品感到满意；当企业向客户提供一个质量较差、价格较高的产品时，客户则会对该产品感到不满。

3. 服务

企业服务的便利性、服务时间的长短、服务人员的态度和响应时间等都会影响客户的满意度。客户不仅希望消费过程能顺利进行，还希望企业能够遵守承诺提供相应的服务，

甚至提供超过期望的服务。若这种愿望未能得到满足，客户则会感到不满。

> **典型案例** 📊
>
> ### 海尔集团的"星级服务"
>
> 海尔集团在实施"星级服务"的过程中，推出了"一、二、三、四"模式，即一个结果：服务圆满；两条理念：带走客户的烦恼，留下海尔的真诚；三项制度：服务投诉率小于十万分之一，服务遗漏率小于十万分之一，服务不满意率小于十万分之一；四个不漏：一个不漏地记录客户反映的问题，一个不漏地处理客户反映的问题，一个不漏地复查处理结果，一个不漏地将处理结果反馈至设计、生产和经营部门。正是靠着不断完善的"星级服务"，海尔集团才能不断向客户提供意料之外的满意，让客户在使用海尔产品时放心、舒心。

4．沟通

沟通的方式、时间、效果等因素会影响客户满意度。客户都希望在需要帮助时能与企业进行及时、方便的沟通。当企业能够为客户提供便捷的沟通方式，能够及时、有效地与客户进行沟通时，客户会对其感到满意。当客户通过与企业沟通不能获取产品或服务的相关信息，或不能妥善合理地解决问题时，客户会对其感到不满。

5．环境

环境直接影响着客户的心情，进而影响着客户的期望和满意度，这一点在酒店行业中较为明显。客户入住酒店时，会对房间的整洁度、舒适度等有一定的要求。若酒店为客户提供的房间不够整洁、有异味，客户则会对酒店感到不满。因此，企业应为客户创造良好、适宜的环境，以赢得客户满意。

 知识贴士 ✎⟶

> 根据"木桶原理"，一个木桶所能装水的最大限度，由其最短的一块木板所决定。同样，一个企业能够得到的最大客户满意度，由其工作和服务效率最差的一个环节或部门所决定。也就是说，企业要想获得客户的高度满意，必须使所有的环节和部门都能够为客户创造超出其期望值的价值。

三、客户满意度的衡量指标

要评价客户满意度，企业必须建立一组与产品及服务有关的、能全面反映客户对产品及服务满意度的代表性指标。常用的客户满意度衡量指标有以下五个。

（一）美誉度

美誉度是指一个组织获得公众信任、好感、接纳和欢迎的程度，是评价组织声誉好坏的社会指标，侧重于"质"的评价，即公众对组织的信任和赞美程度。对企业来讲，美誉度是指客户对企业或工作人员的褒扬程度。

（二）指名度

指名度是指客户指名消费某品牌产品或服务的程度。客户如果对某种产品或服务非常满意，就会在消费过程中放弃其他选择。例如，客户在购买家电时，指名购买格力空调、西门子冰箱、万和热水器等。

（三）回头率

回头率是指客户购买某企业的产品或服务之后再次购买，或介绍他人购买的频率。一位客户如果购买某种产品或服务之后，心里十分满意，那么他将会重复购买，并向亲朋好友大力推荐，引导他们加入消费者队伍。

（四）抱怨率

抱怨率是指客户在购买某企业的产品或服务之后产生抱怨的比率。客户抱怨是客户不满意的具体表现，工作人员可通过分析客户抱怨率了解客户的不满意状况。

（五）销售力

销售力是指产品或服务的销售能力。一般而言，令客户满意的产品或服务的销售力比较好，令客户不满意的产品或服务的销售力则比较差。

任务二 测评客户满意度

任务导入　环球度假区周边酒店客户满意度调查

某高校学生赵同学在 2021 年 12 月对环球度假区附近的六家酒店进行了客户满意度调查，并在这次客户关系管理交流会上分享了他的调查结果。

调查结果显示，2021 年，北京市通州区实体店消费者满意度平均分为 82.1 分，但环球度假区附近的六家酒店中只有两家的得分勉强超过平均分，且六家酒店全部存在一些问题，使客户不满意。

在环境设施方面，有三家酒店的无障碍通道不畅通，有两家酒店的房门关闭后不会自动上锁。此外，有几家酒店地面有斜坡，但没有放置"谨防摔倒"的安全提示牌。

在服务细节方面，有一家酒店不能为客户提供加被子服务及简单的应急服务，有三家酒店不主动为客户开具发票，有几家酒店还存在不收现金、不主动退押金等问题。

在退房方面，有一家酒店在 12 点之前就有工作人员不断催促客户退房；剩余的五家酒店只有会员可以延迟至 14 点退房，非会员必须在 12 点之前退房。

在其他方面，有两家酒店存在"霸王条款"问题，如早餐券上印有"酒店保留此券使用的最终解释权""解释权归酒店所有"等条款。

此外，这六家酒店全部存在不同渠道（如前台、客服电话和 App）订房"同房不同价"的问题。

请思考： 为什么要调查客户满意度？如何调查客户满意度？

一、测评客户满意度的意义

客户满意度对建立长久的客户关系是至关重要的。因此，企业需要了解怎样让客户满意，以保持利润持续增长和扩大市场份额。测评客户满意度是企业了解客户满意度水平及客户感到不满的原因的重要手段，对企业的经营管理具有重要意义。

（1）确定影响满意度的关键决定因素。通过测评客户满意度，企业可以与客户亲密接触，从客户的意见和建议中寻找解决客户不满的办法，发现提升产品或服务质量的机会，进一步改善自身的产品或服务质量，不断为客户提供优质的服务，最终达到提高客户满意度的目的。

（2）提高企业抵御市场风险的能力。通过测评客户满意度，企业可以了解这个瞬息万变的市场，发现自身在经营过程中存在的不足，然后对自身的运营发展有一个直观和准确的判断，为今后经营决策的制定提供依据，进一步提高企业的声誉和抵御市场风险的能力。

（3）提升企业形象。通过测评客户满意度，满意度较高的企业能够不断提升产品或服务的质量，保持企业的良好形象；满意度较低的企业则会加大各方面的改革力度，不断改善产品或服务的质量，进而提升企业形象。

（4）让企业更好地理解并满足客户需求。随着生产力水平和人们物质文化需求的日渐提高，客户对产品或服务的需求从寻求满足最基本需求发展到追求个性化需求。通过测评

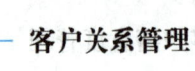

客户满意度，企业可以更好地认识到客户对产品或服务的评价，以便发现问题，找出原因，进而改善产品或服务以满足客户的个性化需求。

（5）预测社会经济的发展趋势。通过测评客户满意度，企业可以了解整个行业的客户满意度，进而可以预测社会经济的发展趋势。

二、测评客户满意度的步骤

测评客户满意度是一项系统性工程，并且需要周期性地开展，其基本步骤具体如下。

（一）选择客户满意度测评对象

客户满意度测评对象一般是指已经购买或体验过本企业产品或服务的现实客户。不同客户在事前对企业的期望是不同的，有的客户容易满意，有的客户却不容易满意。因此，在测评客户满意度时，企业仅测评少数客户的意见是不够的，必须以大多数客户为测评对象。在选择测评对象时，企业应注意以下两点。

1. 使用者和购买者是否一致

企业产品或服务的使用者和购买者如果不是同一个人或同一个部门，两者一般会存在差异。例如，企业生产资料的使用者多为制造部门，而购买者多为采购部门。又如，儿童玩具的使用者是儿童，而购买者则多为儿童家长。因此，当企业产品或服务的使用者和购买者不一致时，企业应将两者都列为测评对象。

2. 是否存在中间商客户

企业把产品或服务提供给客户的方式是不一样的。有些企业不与客户直接接触，而是经过中间商把产品或服务提供给客户。这时，客户对产品或服务的满意度与批发商、零售商这样的中间商就有很大关系。因此，存在中间商客户时，企业应将中间商客户也列为测评对象。

（二）制订客户满意度测评内容

1. 指标体系

客户满意度指标体系是测评内容的核心，在很大程度上决定了测评结果的有效性和可靠性。不同企业所处的环境不同，面临的客户也不尽相同，因此，企业需要根据自身的实际情况制订一个合理有效的客户满意度指标体系。例如，线上企业可以参考表 7-1 制订客户满意度指标体系。

表 7-1　客户满意度指标体系

目标层	一级指标	二级指标
客户满意度指标	支付系统的安全性	个人信息及隐私保护
		在线支付安全可靠
		交易资料在传递过程中的安全性
		极少发生系统故障
	购物的便利性	网站页面设计
		具体操作步骤
		网站导航及搜索功能
		系统运行及响应速度
		支付方式的种类
	产品因素	产品质量
		产品种类
		产品的介绍及使用说明
		产品的展示编排分类
		与其他同类产品的比较
		产品的销量信息
		产品的评价信息
	价格因素	产品或服务价格
		配送费用
		优惠折扣
	个性化服务	购物推荐
		产品定制
		在线设计
	员工服务	员工的服务态度
		员工的业务水平
		员工的职业道德
	配送服务	送货速度
		客户可跟踪送货过程
		送货上门
	投诉处理服务	投诉平台或渠道
		投诉处理的及时性
		处理结果的公正性
	企业形象	社会贡献度
		品牌形象
		诚信度

根据表 7-1 可知，一级指标属于隐性指标，不能直接测评。测评客户满意度时，企业需要对这些隐性指标进行逐级展开，直到形成一系列可以直接测评的指标。这些逐级展开的测评指标就构成了客户满意度测评指标体系。

2. 评价级度

客户满意度级度是指客户在消费相应的产品或服务之后所产生的满足状态的梯度。通常情况下，客户满意度级度可分为五个级度（非常满意、满意、一般、不满意和非常不满意）或七个级度（非常满意、满意、较满意、一般、较不满意、不满意和非常不满意），如表 7-2 所示。

表 7-2　客户满意度级度及其表现

序号	级度	突出表现	具体表现
1	非常满意	激动、满足、感谢	客户的期望完全达到，没有任何遗憾，感觉物超所值。客户不仅为自己的选择感到自豪，还会利用一切机会向亲朋好友宣传、介绍、推荐
2	满意	赞扬、愉快	客户认为自己的期望与现实基本相符，不仅对自己的选择予以肯定，还会乐于向亲朋好友推荐
3	较满意	好感、肯定	客户内心还算满意，虽然现实与更高要求相比还有差距，但与一些更差的情况相比，又令人欣慰
4	一般	无明显负面情绪	客户对产品或服务的评价既说不上好，也说不上差，还算过得去
5	较不满意	抱怨、遗憾	客户心存不满，只能降低期望值认可现实
6	不满意	生气、烦恼	客户希望通过一定方式获得补偿，在适当的时候会进行反宣传，提醒自己的亲朋好友不要购买同样的产品或服务
7	非常不满意	非常愤怒、失望、投诉	客户认为自己的利益严重受损，不仅试图找机会投诉，还会利用一切机会进行反宣传，以发泄心中的不满

（三）收集与分析客户满意度测评信息

企业可以采用问卷调查、电话调查等方式收集客户满意度测评信息，并对收集到的客户满意度信息进行分析，找出令客户不满意的主要因素，制订纠正措施并付诸实践，以达到预期的改进目标。客户满意度分析的方法有很多，如直接计算法、百分比法、加权平均法等。

例如，某企业的客户满意度分析表如表 7-3 所示，客户满意度分数表如表 7-4 所示。其中，项目权重系数 K 可根据每个项目的实际重要程度进行确定，总体项目权重为 1；小项权重系数 J 的各分项也按重要程度进行系数确定，每小项的综合权重为 1。项目满意度等级根据项目分数确定，小项满意度等级根据小项分数确定。相关计算公式如下：

$$项目分数 = \sum（小项分数 \times 小项权重系数）$$

$$客户综合满意度分数 = \sum（项目分数 \times 项目权重系数）$$

表 7-3　客户满意度分析表

评估项目	项目权重系数（K）	项目分数	项目满意度等级	评估小项	小项权重系数（J）	小项分数	小项满意度等级
产品	0.4	73	满意	包装	0.2	60	满意
				外观	0.2	70	满意
				功能	0.2	80	非常满意
				使用方便程度	0.2	80	非常满意
				说明书内容	0.2	75	满意
服务	0.4	52.5	一般	服务便利性	0.25	60	满意
				服务及时性	0.25	55	一般
				服务人员的态度	0.25	30	不满意
				服务专业水平	0.25	65	满意
价格	0.2	91.25	非常满意	产品价格	0.5	95	非常满意
				运输费用	0.25	90	非常满意
				折扣力度	0.25	85	非常满意
客户综合满意度	1	68.45	满意				

表 7-4　客户满意度分数表

等级	非常不满意	不满意	一般	满意	非常满意
对应分数	0~20（不含）	20~40（不含）	40~60（不含）	60~80（不含）	80~100

表 7-3 中相关数据计算过程如下：

产品满意度分数=60×0.2+70×0.2+80×0.2+80×0.2+75×0.2=73

服务满意度分数=60×0.25+55×0.25+30×0.25+65×0.25=52.5

价格满意度分数=95×0.5+90×0.25+85×0.25=91.25

客户综合满意度分数=73×0.4+52.5×0.4+91.25×0.2=68.45

根据表 7-3 可知，客户对该企业的价格非常满意，对该企业的产品满意，而对该企业的服务感到一般；在服务项目中，客户不满意服务人员的态度。因此，企业应该采取措施提升服务人员的服务水平，如加强服务人员的职业培训、完善服务人员奖惩制度、开拓服务投诉渠道等。

（四）撰写客户满意度测评报告

客户满意度测评报告的内容通常包括以下几项。

（1）每一评估项目、评估小项客户满意度的统计结果。

（2）客户对产品或服务质量的看法，客户对产品或服务价格的承受能力，产品或服务存在的问题，等等。

（3）满意度较低客户和较高客户的占比，以及这些客户对企业未来经济效益的影响。

（4）产品或服务在行业竞争中优劣势的分析。

（五）结果反馈及改进

企业应将客户满意度测评报告反馈给相关部门，如客户对产品不满则反馈给生产部门、客户对服务不满则反馈给客户服务部门等，然后各部门针对具体问题采取相应的措施做出改进。

典型案例

汽车 4S 店服务客户满意度测评工作报告

一、目的

为了解客户在汽车消费领域的消费需求，提升消费体验，发现、分析在汽车销售和售后方面与客户权益密切相关的问题，进一步梳理汽车销售环节和售后服务中的痛点、难点，中国消费者协会委托第三方调查机构于 2020 年 3 月至 6 月在全国 15 个城市组织开展部分品牌汽车 4S 店服务客户满意度测评工作。

二、调查结果

调查结果显示，汽车 4S 店服务客户总体满意度为 82.7 分，达良好水平。就汽车 4S 店主要环节服务满意度得分来看，销售服务满意度为 84.4 分，排名最靠前；售后服务满意度为 83.5 分，排名第二；设备设施满意度为 83.3 分，排名第三；投诉处理满意度为 69.2 分，得分最低。相比总体表现、销售服务、售后服务和设施设备等方面的良好表现，各汽车 4S 店在投诉处理这一环节上差距明显，具有较大的进步空间，值得引起重视。

三、存在问题

（1）销售服务问题。汽车 4S 店的销售服务虽达良好水平，但是人员服务、车辆保险服务等方面仍存在一些问题，亟待解决。

（2）售后服务问题。汽车 4S 店售后服务在收取维修费用、维修保养速度、维修保养质量方面有较大改进空间。

（3）设备设施问题。当前汽车 4S 店设备设施存在的主要问题是规模小、休闲娱乐设施少且老旧。

（4）投诉处理问题。汽车 4S 店投诉处理方面存在服务人员响应客户投诉不够及时、解决问题效率较低等问题。

四、改进措施

汽车 4S 店业务是汽车产品面向广大客户最直接也是最关键的环节。在汽车消费和市场行情快速变化的背景下，汽车 4S 店的业务也在发生深刻变革。汽车 4S 店应坚持以客户为中心，不能只看到客户的购买力，而忽略客户持续性的服务需求。面对新兴的消费方式和多样化的消费需求，汽车 4S 店应聚焦客户体验，关注客户认知，着力提升满意度。

（1）从"人"和"物"两个方面夯实汽车 4S 店服务基础，既要加强店面标准化建设和规范化建设，又要提升销售人员、维修技师、客户服务人员等工作人员的服务意识和服务能力，进而提升服务的精细度。

（2）从"硬件"和"软件"上加以改进，顺应数字经济和移动互联网时代发展的需求，增强相关产品和服务的智能化、科技感和便利性，做好客户服务和客户管理，提高服务便利性和服务效率。

（3）从客户"感知"和"体验"上下功夫，洞察并及时响应客户的普遍性要求和个性化需求，保持高水平的整体服务能力和差异化的服务内容，让客户更充分地体验到优质的服务。

（4）针对"优势"和"短板"，应扬长避短，加强自律和自查，充分尊重客户自主选择权和公平交易权，严肃对待客户的沟通诉求和投诉，做好明码标价、信息公示、售后维护与保养等工作，抵制虚假宣传、诱导式销售、违规收费、绑定或变相绑定搭售等不良营商手段。

任务三　提升客户满意度

C　任务导入　菜鸟驿站优化送货上门服务

如何提升客户满意度？在客户关系管理交流会上，某企业的高经理以菜鸟驿站为例回答了这个问题。

"随着客户自主选择服务的意识越来越强，为了满足客户需求，提高客户满意度，菜鸟驿站从多个方面对其服务进行了优化。"高经理说，"一是对上门时效进一步

菜鸟驿站优化送货上门服务

优化，推广'当日下单当日送达'服务，最晚送达时间由 22 点调整为 21 点；二是寻

找更好的保障客户体验的方案，如上门包裹未及时送达，菜鸟驿站将承担责任并对客户进行赔偿；三是通过各种激励方式提升全国站点的上门服务能力。"

高经理接着说："此外，经过推广和优化，菜鸟驿站的线上选择方式也逐步丰富和完善。客户收到包裹到达驿站的提醒后，可以通过支付宝、淘宝小程序、菜鸟 App 等多个渠道选择'送货上门'服务。客户接收包裹的时间若不固定，可以单独选择；客户接收包裹的时间若固定，可以设置默认送货上门服务。为了让快递服务更加贴心，菜鸟驿站还通过智能语音的方式向客户进行服务前的征询。"

最后，高经理进行了总结："自菜鸟驿站优化送货上门服务以来，关于快递不送货上门的投诉逐渐减少，客户满意度也逐步提升。"

请思考： 菜鸟驿站为什么优化送货上门服务？菜鸟驿站又是如何优化上门服务的？

一、提升客户满意度的策略

从客户满意的定义出发，提升客户满意度的策略可从以下两个方面着手：一是把握客户期望值；二是提高客户感知价值，并让客户的感知价值超出客户期望值。

（一）把握客户期望值

1. 明确客户期望值

企业及工作人员明确客户对产品或服务的期望值很重要，这样才不会在客户不在意的地方浪费时间、精力和金钱。

客户期望值不是一成不变的，其往往呈现出多元化、动态化等特点。当客户期望值过高时，一旦产品或服务的感知价值没有达到客户期望值，客户就会感到失望，从而感到不满；当客户期望值过低时，客户可能就没有兴趣购买企业的产品或服务。

因此，企业必须对客户期望的变化方向保持高度警觉，分析并明确客户在购买产品或服务时希望获得的理想结果，以及那些可以增进客户满意进而驱动其购买行为的因素。例如，服装店的导购人员通过与客户简短的沟通交流，应大致明确客户对衣服的价位、颜色、款式等的期望。

2. 设定客户期望值

设定客户期望值，即企业需要告诉客户哪些产品或服务是其可以得到的，哪些是其无法得到的，从而修正客户期望值，让客户期望值处于一个对企业有利的恰当水平。这样既可以吸引客户，又不至于让客户因为期望落空而失落，感到很不满意。

例如，当客户购买家具时，企业应主动向客户说明购买家具的附赠服务。若客户需要自行安装家具或有偿安装家具，企业应提前向客户说明，切勿等到客户购买家具后再说明，避免客户产生不满情绪。

设定客户期望值可通过以下两种方法来实现。

（1）对客户坦诚相告。在分析客户需求和自身所能够提供的服务之后，企业应客观地描述产品或服务，使客户对其建立信任。

（2）影响客户对产品的感受。信息源的多样性导致了客户感受的不确定性。这种感受可能来自客户的想象，也可能来自一些社会媒体的信息，但主要还是来自企业的广告宣传。企业可以利用广告宣传来适当影响客户对产品或服务的感受。如果企业的宣传恰到好处并且留有余地，使客户期望值保持在一个合理的状态，那么客户感知价值就很可能轻松地超过客户期望值，从而感到"物超所值""喜出望外"。

3. 降低客户期望值

企业无法满足客户期望值时，应学会降低客户期望值。企业降低客户期望值首先需要了解客户期望值，并能够对客户期望值进行排序，帮助客户认清哪些是重要的，哪些是不太重要的；其次是要能说明不能满足客户期望值的理由；最后还可以向客户提供多种选择方案，最终使客户满意。

（二）提高客户感知价值

企业如果善于把握客户期望，为客户提供超出期望的感知价值，就能够让客户满意。当客户获得的总价值大于其付出的总成本时，客户的感知价值较高。提高客户感知价值就是提高客户让渡价值，因此，企业可以从提升客户获得的总价值和降低客户支出的总成本两个方面来提高客户感知价值。

1. 提升客户获得的总价值

提升客户获得的总价值可以从提升产品价值、提升服务价值、提升人员价值和提升形象价值等方面入手。

（1）提升产品价值。提升产品价值需要企业树立"质量是企业生命线"的理念，不断为客户提供高品质、符合客户需求的产品或服务。

（2）提升服务价值。随着客户购买力水平的不断提高，客户对服务的要求越来越高，服务质量对客户购买决策的影响也越来越大。因此，企业为客户提供优质的服务已经成为提高客户感知价值和满意度的重要方法之一。

这就要求企业站在客户的角度，想客户之所想，不断完善服务内容，不断提升服务质量和水平，从而提高客户感知价值和客户满意度。例如，麦当劳为提升服务价值，在餐厅设置了迷你儿童乐园，方便孩子们边吃边玩。

（3）提升人员价值。提升人员价值即提升企业全体员工的工作效率、业务能力、应变能力等。优秀的企业员工在客户中会享有很高的声望，对提高企业的知名度和美誉度，提高客户感知价值和客户满意度具有重要意义。因此，企业可定期开展技能培训等活动，帮助企业员工提升自身的业务能力，从而提高客户感知价值，提高客户满意度。例如，茶叶店定期对员工进行培训以提升人员价值。

（4）提升形象价值。企业是产品与服务的提供者，其规模、品牌、效益、公众舆论等内部或外部表现都会影响客户的判断。企业形象好，会形成对企业有利的社会舆论，为企业的经营发展创造一个良好的氛围，同时也能提高客户对企业的感知价值，进而提高客户满意度。

典型案例

抗洪抢险"豫"难而上——华润在行动

2021年7月20日，河南省遭遇强降雨，郑州、新乡等城市发生严重内涝，防汛形势十分严峻。危急关头，华润在豫企业第一时间投入防洪、抢险和救灾工作中，为抗洪救灾贡献了自己的力量。

华润怡宝启动救灾应急响应机制，联合当地经销商紧急调配筹措赈灾饮用水，并连夜同步联络政府相关部门、公益机构等，积极对接用水需求，调度一切可调度的物流力量，最大限度保障受灾群众及救援部门的安全用水。

华润置地郑州公司坚守抢险第一线，保护业主、租户的生命财产安全。物业员工蹚着齐腰深的洪水前往郑州地铁三号线将受困儿童背回小区，组织购物中心、售楼处供市民歇脚，为一线抢险救灾人员提供休息场地和餐食。

华润燃气郑州公司全力守护管网安全，加大对施工工地、路面易坍塌位置、老旧架空管道围墙、调压站等高风险地点和关键供气节点设施的巡查巡检力度。此外，公司还第一时间启动极端天气应急预案，实行24小时值守制，实行夜间2小时报告制，增派夜间抢险人员及车辆，在停电和汽油紧张的情况下，积极协调汽油保障热线和调度正常运转，确保市民诉求和抢险信息在第一时间得到响应。

（资料来源：张思嘉，《抗洪抢险"豫"难而上 央企在行动》，国务院国有资产监督管理委员会官方网站，2021年7月21日，有改动）

2．降低客户支出的总成本

降低客户支出的总成本可以从降低货币成本、降低时间成本、降低精神成本和降低体力成本等方面入手。

（1）降低货币成本。要想提高客户感知价值，仅靠提供高质量的产品与服务显然不够，企业还需合理地制订产品与服务的价格，使客户感到物有所值，甚至物超所值。一般情况下，产品与服务的定价应以客户满意为出发点，并依据市场形势、竞争程度和客户的接受能力等因素综合考虑。

（2）降低时间成本。在保证产品与服务质量的前提下，企业应尽可能节省客户的购买时间，降低时间成本，从而降低客户支出的总成本，提高客户感知价值。例如，"一站式"购物方式可使客户在较短时间内以较快的速度购齐所需要的产品。

（3）降低精神成本。在相同情况下，精神成本越低，客户支出的总成本就越低，客户的感知价值就越高。降低精神成本最常见的做法是提供承诺与保证。例如，某理发店为客户提供不满意就退款的服务，打消了客户的顾虑。

（4）降低体力成本。企业应采取措施降低客户的体力成本，提高客户感知价值。例如，企业整合产品信息以便客户查询，企业为客户提供送货到家、安装调试等服务。

二、提升客户满意度的方法

若要提升客户满意度，企业要做的事情可分为以下两种：一是把分内服务做精，二是把额外服务做足。

（一）把分内服务做精

分内服务是指那些意料之内、情理之中的服务，如维修、退换货物、调试等。企业首先应把分内服务做好、做精，只有这样才能给客户提供进一步的服务，进而赢得客户的认可。要想把分内服务做精，企业应做到以下几点。

1. 从内心尊重客户

把分内服务做精，要求企业从内心尊重客户。企业只有从内心尊重客户并关注客户的每一项需求，才能更好地服务客户，从而使客户对所提供的服务感到满意，进而使自己在竞争中占据有利位置。

典型案例

神龙汽车的"信仰"

神龙汽车将"服务客户，发自内心地尊重客户"作为神龙员工的工作信仰。在2020年10月的汽车文化节活动上，神龙汽车发布了"元+"计划，即在"元"计划的基础上进行迭代和升级，增加了一个最重要的理念——"服务更信赖"，聚焦于服务客户。同时，神龙汽车还发布了"五心守护行动"，围绕客户需求，从买车、用车、养车、换车全生命周期，提供了一整套的解决方案。

神龙汽车用实际行动向客户表示尊重，发布了六年首任车主回厂免费送一次保养的政策。从截至2021年6月份的数据来看，已经有约20万名客户将爱车送回"家"保养。以一次保养消费500元至600元为参考，神龙汽车相当于掏出上亿元来回馈老客户。

此外，神龙汽车还十分尊重经销商、供应商等合作伙伴，努力做到互利共赢。近几年汽车的销量持续下跌，给经销商和供应商等合作伙伴带来了非常大的困扰。鉴于此，神龙汽车并非盲目发展，而是集中精力与现有合作伙伴携手前行，并为他们提供各方面的强力支持，提升他们的盈利水平。

（资料来源：《神龙公司发自内心尊重客户　以客户为中心　赢得客户信赖》，

凤眼观车微信公众号，2021年6月17日，有改动）

---

2. 及时解决客户问题

把分内的服务做精，要求企业能够及时解决客户问题。只要客户有要求，无论责任在谁，企业首先应帮客户解决问题。

典型案例

水务工作人员抢修供水管网

遂平县建设路西段供水管网被市政道路施工方挖断，导致管道漏水，造成路面严重积水，同时致使城区大面积停水，影响了人们的正常生产生活。群众纷纷拨打 12345 热线电话寻求帮助，12345 热线工作人员第一时间将群众反映的问题转至遂平县热线办紧急处理。

接到通知后，遂平县热线办工作人员立即联系了遂平县上实水务公司赶往故障路段，进行技术分析，制订抢修方案。为了保障该区域居民第二天的正常用水，遂平县上实水务公司启动紧急预案，利用消火栓用水先为大家解决生活用水问题，并联系区域内的物业公司负责人，组织业主分批取水。

遂平县上实水务公司抢修人员开挖、切割、更换、对接供水管，经过几个小时的不间断作业，终于赶在天亮前恢复了城区内所有供水，保障了广大居民的正常生活和工作。

（资料来源：武帅，《为民服务迅速行动 解决市民用水问题》，驻马店广播电视台
官方新闻网站，2021 年 10 月 25 日，有改动）

---

3. 始终以客户为中心

把分内服务做精，要求企业始终以客户为中心，始终关注客户的心情和需求。以客户为中心不应只是服务宗旨，还应是一种具体的实际行动。例如，美容店工作人员可主动为等待美容服务时间较长的客户倒上一杯水并与其聊天，安抚客户的情绪。

4. 持续提供高品质服务

把分内服务做精，要求企业能够持续为客户提供高品质服务。为客户提供一次甚至一年的高品质服务不难，但是只有提供长期的、始终如一的高品质服务，才能算得上把服务做精。

（二）把额外服务做足

额外服务是指那些意料之外的服务，通常包括增值服务、定制服务和体验服务。

1. 增值服务

增值服务是指超越常规的服务。现在各个企业提供的各种增值服务一般都属于额外服务。企业不仅要提供规定外的服务，自觉使服务无限延伸，超越客户需求，还要在服务过程中充分发挥主动性和积极性，增强工作投入感和责任感，使客户深切感受到企业无微不

至的关怀，努力与客户建立友好、融洽的关系。

值得注意的是，增值服务一定要在企业力所能及的范围内，避免不切实际的承诺或行动。

> **典型案例**
>
> ### 无线上网增值服务
>
> 某咖啡店发现，越来越多的商务客户会带着笔记本电脑来喝咖啡。于是，咖啡店推出了一项新的服务策略，即提供快速无线上网服务，让客户可以边喝咖啡边通过无线网络办公。这项增值服务赢得了客户的好评，不仅增加了客户的上门次数，还使客户在咖啡店停留的时间变得更长（意味着客户有可能消费店里的其他产品），进而提升了门店的销售业绩。

2. 定制服务

定制服务是指企业根据客户的特殊需求为其提供的产品或服务。一般情况下，企业的产品或服务是针对有同样需求的一群客户设计的，有可能无法满足某些客户的特殊需求。尽管某些客户存在特殊需求，但他们往往不会对企业提供这样的个性化服务抱有预期，即企业不提供个性化的服务，他们也不会不满意。在这种情况下，企业如果能够满足某些客户的特殊需求，为其提供定制服务，则会进一步提升客户满意度。

> **典型案例**
>
> ### 智慧生态场景定制服务
>
> 随着互联网向物联网更迭演进，客户对家电服务的需求已不再局限于功能性的交付，而是趋于更加综合化、场景化的服务需求。为满足物联网时代的客户需求，海尔公司围绕"客户驱动"的核心目标持续推动物联网转型，通过模式创新再造服务流程，打造了海尔智慧云服务体系。
>
> 随着海尔"智家云"战略推进，海尔服务基于场景生态率先实现了定制成套服务在客户端落地，不仅为客户体验带来了全方位保障，也在行业中形成了全流程一站式、全过程可视、全场景个性化定制、全周期服务等四大差异化服务优势。
>
> 这种基于海尔"智家云"战略打造的智慧定制成套服务彻底改变了传统的被动服务模式，通过定制化、可视化、智慧化、生态化的模式创新洞察社会消费规律，以客户为核心实现了高效、智慧、透明的服务创新，成为物联网时代家电服务品质升级的范本。
>
> （资料来源：石飞月，《海尔首推智慧生态场景定制服务模式》，
《北京商报》2020 年 3 月 13 日，有改动）

3. 体验服务

体验服务作为一种新的服务理念，是指企业以提高客户体验为出发点，注重在售前、售中、售后等各个阶段与客户的每一次接触，有目的地向客户传递企业产品或服务的信息，以实现良性互动，从而提升客户感知价值。例如，某游戏企业在发布新游戏前会进行内测，即邀请一定数量的玩家提前体验这款新游戏，然后根据这些玩家反馈的意见优化游戏，从而使正式发布的游戏能提升玩家的游戏体验感，提升客户满意度。

如何提升客户体验

知识试练

一、不定项选择题

1. 下列各项中，不属于客户满意度层次的是（　　）。

    A. 产品满意   B. 服务满意

    C. 社会满意   D. 环境满意

2. 影响服务满意度的因素不包括（　　）。

    A. 服务人员的态度   B. 响应时间

    C. 服务时间的长短   D. 产品质量

3. 下列各项中，属于影响客户满意度的客观因素的有（　　）。

    A. 产品   B. 沟通

    C. 服务   D. 环境

4. （　　）可以提高客户感知价值。

    A. 提升客户获得的总价值   B. 降低客户支出的总成本

    C. 提升客户的期望值   D. 降低客户的期望值

5. 把握客户期望值应（　　）。

    A. 设定客户期望值   B. 降低客户期望值

    C. 提升客户期望值   D. 提升客户感知价值

二、判断题（正确的打"√"，错误的打"×"）

1. 较高的客户满意度有利于提高企业抵御市场风险的能力。（　　）

2. 客户的期望值与其付出的成本相关，付出的成本越高，期望值越高。（　　）

3. 产品的性能、质量、价格、外观等不是影响客户满意度最直接的因素。（　　）

4. 企业无法满足客户期望值时，应直接无视客户期望值。（　　）

5. 为了提高客户满意度，企业可以任意承诺客户的要求。（　　）

三、简答题

1. 客户满意度的测评包括哪些步骤？

2. 提高客户满意度的方法有哪些？

四、案例分析题

习　惯

十一月，张先生乘坐晚上九点多的飞机从深圳返回北京，并将行李办理了托运。

随着飞机越飞越高，张先生感觉越来越冷，于是把空姐叫了过来。年轻的空姐面带微笑地问："您好，请问有什么可以帮到您的？"张先生说："我觉得特别冷，有没有毛毯？请给我一条。"空姐说："好的，您稍等。"过了一会儿，空姐回来了说："对不起，我们的毛毯用完了。"说完，便站在一旁，一副若无其事的样子。

张先生接着说："小姐，我确实非常冷。"空姐说："那您的随身行李中有衣服吗？"张先生回答："没有，我的行李都托运了。"空姐无奈地说："那对不起，我们已经尽力了。"听到这句话，张先生顿时感到更不舒服了。旁边的一位男乘客说："姑娘，你别在这里傻乐，倒是想想办法啊。"

张先生又问："机舱能不能加温？"空姐很淡定地说："我去帮您问一下。"过了一会儿，空姐回来了说："我们已经启动机舱加温功能了，一会儿就暖和了。"张先生开心地说："非常感谢，不过，'一会儿'是多长时间啊？"空姐本来已经转身走了，这时又回来说："大概40分钟吧。"

张先生听了很生气，也很无奈。这位空姐的服务态度一直很好，但她并没有提供任何有效的服务。于是，张先生接着问："有没有热水呢？"空姐马上说："有，请问您是要热水还是可乐？"旁边的男乘客看不下去了，说："人家是觉得冷，你们这里有烧开的可乐吗？"空姐不慌不忙地说："对不起，我们这里有常温的和加冰的两种，没有烧开的可乐。"张先生实在受不了了，说："您赶紧给我倒杯热水吧！"

空姐转身倒水了。旁边男乘客不解地问："你说这人怎么还问你要不要加冰的可乐呢？"张先生说："很简单，她累了，也习惯了。现在已经十点多了，她工作了整整一天，也许已经工作许多年了，听到过无数乘客的提问，然后习惯性地给出这样的回答。"

结合所学知识回答以下问题：

1. 这位空姐在服务过程中出现了哪些问题？

2. 如何才能使客户满意？

笃行致远

客户满意度调研活动

〔实践描述〕

在客户关系管理交流会上，李老师、赵同学和高经理分别讲述了有关京东物流、环球度假区周边酒店、菜鸟驿站的客户满意度案例，生动形象地介绍了客户满意度的相关知识，帮助大家认识客户满意度，以及学习如何测评与提升客户满意度。请以小组为单位，选取一家企业（如京东物流或菜鸟驿站），进行客户满意度调研，并将客户满意度调研活动的过程、结论、感悟等制作成PPT，在班级上讨论交流。

〔实践目的〕

（1）能够设计客户满意度调研方案。

（2）学会分析客户满意度的影响因素。

（3）能够设计提升客户满意度的相关策略。

〔实践分组〕

全班学生以3～5人为一组进行分组，各组选出组长并进行任务分工，将小组成员及分工情况填入表7-5中。

表7-5　小组成员及分工情况

班级		组号		指导教师	
小组成员	姓名	学号		任务分工	
组长					
组员					

〔实践过程〕

各组将具体的实践步骤及相关情况记录在表7-6中。

表 7-6　实践步骤记录表

遇到的问题、解决方法、心得感悟等	实践步骤
	1. 选定一家企业（如京东物流或菜鸟驿站），了解该企业的主要服务项目
	2. 设计一份客户满意度调研方案，包括调研对象、调研时间、调研内容等
	3. 设计一份客户满意度调研问卷。为了方便分析，尽量设置封闭式问题，例如，"您对本公司的产品满意吗？"
	4. 收集并分析调研数据，找出客户满意与不满意之处，并分析原因 （1）客户满意之处及原因 （2）客户不满意之处及原因
	5. 根据分析结果，设计提升客户满意度的策略
	6. 制作客户满意度调研活动 PPT
	7. 各组派一位代表在课堂上分享本组的调研过程与结果，然后全班学生展开讨论交流

〔实践考核〕

各组提交客户满意度调研活动 PPT，并配合指导教师填写考核评价表（见表7-7）。

表7-7　考核评价表

项目名称	评价内容	分值	评价分数		
			自评	互评	师评
知识技能评价（30%）	掌握客户满意度的基本理论知识	15			
	能够调查和分析客户满意度，并设计提升客户满意度的策略	15			
素养评价（30%）	积极、主动地参与小组活动，具有认真、负责的态度	10			
	能够与小组成员相互帮助、相互协作，具有团队精神	10			
	具备批判性思维，能够客观地看待问题	10			
成果评价（40%）	PPT 主题明确、层次分明、内容具体，整体设计风格统一，画面美观大方	20			
	小组代表表达流畅，逻辑清晰	20			
合计		100			
总评	自评（20%）+互评（20%）+师评（60%）=		教师（签名）：		

明德博学

落实高品质服务，提升客户满意度

为深入贯彻落实"坚持以人民为中心的发展思想"，切实推进"我为群众办实事"党史学习教育实践活动，中国联通召开全国服务攻坚工作会议，开展"落实高品质服务，提升客户满意度"专项行动，督促全员全专业做好客户服务，实现客户价值和企业价值双提升，推动公司高质量发展。

本次专项行动依托"三个一切再行动——服务文化季""服务体验再升级——客户口碑提升"两项活动，全面推进网络、业务、服务、社会责任四大类服务再升级重点任务。

一、千兆网络再升级，全面优化客户用网体验

中国联通强化 5G 网络覆盖，增加基站数，扩大覆盖地域；优化客户的 5G 体验，确保 5G 覆盖区域客户上网不卡顿。中国联通还承诺做到宽带网速与签约速率一致；持续改善网络故障，积极回应、及时处理客户投诉，全方位提升客户在网络方面的感知价值。

二、"明白消费"再升级，完善机制及时响应

为真正解决客户在消费过程中的痛点和难点，中国联通面向全网客户，规范业务宣传，进一步完善业务办理、消费提醒等机制，让客户"轻松办理，明白消费"。

三、服务承诺再升级，全力打造高品质服务

中国联通针对营业厅、客服热线、中国联通 App、家庭宽带等存在的问题再次进行服务升级。例如，提升中国联通 App 使用的便捷度，提高线上办理的成功率，完善客服热线人工服务工作机制和问题解决回应机制，提高工程师的业务能力与服务效率，升级各环节服务体验。

四、社会责任再升级，持续推动高质量发展

中国联通致力于用心打造智慧、亲和、有温度的服务体验，持续投身公益事业，聆听客户心声，不断丰富"银发无忧，智慧助老""为爱在线，暖心助残"等服务内容，推动企业高质量发展。

（资料来源：《中国联通开展"落实高品质服务 提升客户满意度"专项行动》

齐鲁壹点官方账号，2021 年 11 月 5 日，有改动）

模块八

尽善尽美

——客户忠诚度管理

模块导读

　　据统计，当客户忠诚度上升 5%时，企业的利润将上升 25%～85%。因此，忠诚客户不仅是企业实现长期利润增长的根本源泉，更是企业提高竞争力的重要决定因素。

　　本模块主要介绍了客户忠诚度的相关知识，以及如何提升客户忠诚度。

素养目标

（1）培养自主探究学习的能力。

（2）积极践行精益求精的工匠精神。

知识目标

（1）了解客户忠诚度的价值及影响因素。

（2）熟悉客户忠诚度的衡量指标。

（3）熟悉培养客户忠诚度的流程。

（4）掌握提升客户忠诚度的策略。

技能目标

（1）能够识别忠诚客户。

（2）能够提升客户忠诚度。

任务一　知晓客户忠诚度

任务导入　以贴心服务换取客户忠诚度

　　关于客户忠诚度，在客户关系管理交流会上，企业高管刘经理向大家分享了他的经历。"为了开拓国外市场，我需要前往迪拜进行市场调研，于是买了一张阿联酋航空公司出售的机票。可是，受新冠疫情影响，当地隔离政策的不确定性增加，调研计划也一再推迟。"刘经理说，"当我联系阿联酋航空公司的工作人员办理退票时，得知该公司的机票有效期竟然长达 24 个月，如此宽裕的机票有效期是完全超乎我想象的。为什么阿联酋航空公司要这样做？这样做又会对其产生哪些影响？一连串的问题激起了我的好奇心。"

以贴心服务换取客户
忠诚度

　　"后来，我花了一些时间去了解阿联酋航空公司。面对不断变化的旅行环境，阿联酋航空公司始终将'保障客户无忧出行'作为公司的核心战略，持续致力为客户提供更贴心的服务。无论是宽裕的机票有效期、灵活的机票改签政策，还是快速的机票退款处理，阿联酋航空公司的贴心服务换来了客户的信任和好感。"刘经理接着说，"阿联酋航空公司能够想客户之所想、急客户之所急，不仅树立了业内典范，而且培养了大批忠诚客户。这一点，是值得我们借鉴的。"

　　请思考：为什么企业越来越看重客户忠诚度？

一、客户忠诚度概述

（一）客户忠诚

　　客户忠诚一般被定义为客户购买行为的连续性，是指客户对企业产品或服务的信赖和认可、坚持长期购买和使用企业产品或服务所表现出的在思想和情感上的一种高度信任和忠诚，是客户对企业的产品或服务在长期竞争中表现出的优势的综合评价。由于客户具有复杂性和易变性，所以企业需要充分了解客户忠诚的类型，以便采用相应的策略提升客户忠诚度。一般情况下，客户忠诚有以下几种常见类型。

1. 垄断忠诚

　　垄断忠诚是指在卖方占主导地位的市场条件下，或者在不开放的市场条件下，尽管客户不满却因别无选择，找不到其他替代品，只能被动地长期使用或接受企业的产品或服务。

比较典型的例子就是城市供电，即使居民对供电企业不满意，也不会拒绝企业的供电服务。

2. 惰性忠诚

惰性忠诚是指尽管客户对企业的产品或服务不满，但是由于自身惰性而不愿意去寻找其他产品或服务。但是，如果其他企业主动为其提供更好的服务，客户还是很容易被拉拢过去的。因此，拥有惰性忠诚客户的企业应该通过产品或服务的差异化来改变客户对企业的印象。

> **📝 知识贴士** ✍
>
> 尽管垄断忠诚和惰性忠诚能够为企业留住客户，但企业还是应尽可能提高自身产品和服务的质量。因为不满意的忠诚是靠不住且脆弱的，一旦时机成熟，客户便会毫不留情地离开。

3. 潜在忠诚

潜在忠诚是指客户虽然拥有但是还没有表现出来的忠诚，通常表现为客户希望购买企业的产品或服务，但是被某些因素限制了这种需求。对于这类客户，企业可以适当调整营销策略，将这种潜在忠诚转变为实际忠诚。例如，对低收入的华为手机爱好者来说，如果可以分期付款购买华为最新款的高端手机，他们可能会乐意购买。

4. 方便忠诚

有些客户出于方便考虑，会对某一企业保持长期忠诚。例如，很多人会长期而固定地选择一家超市进行购物的原因是超市距离住所很近。但这种忠诚并不牢固，一旦客户发现了更加方便的目标后，忠诚便会随之减弱甚至消失。

5. 价格忠诚

价格敏感的客户会忠诚于提供最低价格的企业，但这种客户是不能发展为企业的忠诚客户的。例如，现在市场上有很多一元店、两元店、十元店等，虽然产品价格低廉但是重复光临的人并不是很多。

6. 激励忠诚

当企业推行奖励活动时，客户都会前来购买；当活动结束后，客户则会转向其他有奖励的企业。例如，某超市用开展促销活动的方式吸引了大批客户，当该超市的促销活动结束后，这些客户会转向其他开展促销活动的超市。

7. 超值忠诚

超值忠诚的客户不仅对企业的产品或服务情有独钟，还会主动将他们感受到的满意告诉身边的亲朋好友，并向他们推荐企业的产品或服务。这类忠诚客户是企业最为宝贵的资源。

（二）客户忠诚度及其价值

客户忠诚度即客户对企业忠诚的程度，是指由于质量、价格、服务等诸多因素的影响，

客户对某一企业的产品或服务产生感情，形成偏爱，并长期重复购买该企业产品或服务的程度。客户忠诚度是一个量化概念。

随着市场竞争的日益加剧，客户忠诚度已成为影响企业长期利润的决定性因素。以客户忠诚度衡量的市场份额，比以客户数量衡量的市场份额更有意义。具体来说，客户忠诚度的价值具有以下几点。

客户忠诚度

1. 增加企业收益

忠诚客户属于企业的良性消费者，他们会重复购买企业的产品或服务，不仅不会刻意追求价格上的折扣，还会带动和影响自己的亲朋好友做出同样的购买行为。因此，客户忠诚度可以增加企业收益，使企业有一个稳定的利润来源。

2. 增强企业竞争力

客户忠诚度可以增强企业竞争力主要表现在以下两个方面：一方面，忠诚客户持续购买企业的产品或服务，可以帮助企业占据稳定的市场份额，稳固企业的市场地位；另一方面，当忠诚客户发现所购买的产品或服务存在某些缺陷时，他们能以平和的心态主动向企业提出意见或建议，帮助企业做出改进，使企业做得更好，进而获得持续的竞争优势。

3. 降低营运成本

在竞争日益激烈的买方市场中，企业开发新客户的成本越来越高，而维持忠诚客户的成本要相对低很多。一方面，忠诚客户比新客户更加了解和信任企业，并与企业形成了一种合作伙伴关系，交易的程序化可使企业大大降低谈判成本和履约成本；另一方面，忠诚客户对企业的产品或服务比较熟悉，不用过多地咨询企业员工来了解情况，这在一定程度上可以降低企业的服务成本。

> **📝 知识贴士** ✎
>
> 谈判成本是指企业与客户谈判过程中，在交易条款的订立、合同的起草等方面投入的人力、物力和财力。履约成本是指企业与客户签订交易合同后，为履行交易合同投入的人力、物力和财力。

4. 便于推广产品

忠诚客户面对企业推出的新产品或新服务时，容易受心理因素的影响产生消费欲望，有利于企业新产品或新服务的推广。近年来，随着我国国货崛起，国产手机品牌（如华为、小米等）不断推出新款手机，受到了忠诚客户的追捧，获得了大量的市场份额。

头脑风暴 🧠

一位管理专家说："衡量一个企业是否兴旺发达，只要回头看看其身后的客户队伍有多长就一清二楚了。"谈谈你对这句话的理解。

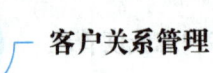
二、客户忠诚度的影响因素

客户忠诚度的形成是一个复杂的机制，其影响因素主要有客户满意度、客户信任、客户情感、客户归属感、客户转移成本、品牌形象等。客户忠诚度受影响有时是单一因素作用的结果，有时则是多个因素共同作用的结果。

（一）客户满意度

一般来说，客户满意度越高，客户忠诚度就会越高；客户满意度越低，客户忠诚度就会越低。企业如果能够把握客户的心理预期，并且让客户感知的价值超过心理预期的价值，如满足客户的个性化需求、为客户提供优质的服务等，就能够实现客户满意，从而提高客户忠诚度。

> **管理视野**
>
> #### 客户忠诚度和客户满意度的关系
>
> 客户忠诚度和客户满意度之间的关系既复杂，又微妙。满意可能忠诚，也可能不忠诚；不满意一般不忠诚，也有可能忠诚。
>
> 第一，客户忠诚度并不等于客户满意度，其是在客户满意度的基础上产生的对企业某种产品或服务的信任，希望重复购买的一种心理倾向。客户忠诚度是客户满意度的提升，比客户满意度更有价值。提高客户忠诚度是大多数企业实施客户关系管理的根本目的。
>
> 第二，虽然客户忠诚度在很大程度上受客户满意度影响，但是并不绝对。一般来说，忠诚的客户通常来自满意的客户，但满意的客户并不一定忠诚（可能受到某种诱惑或者迫于某种压力）；而客户不满意通常就不会忠诚，但有时尽管客户不满意也可能因为惰性或者迫于无奈而忠诚。因此，企业要想提高客户忠诚度，首先应尽可能地提高客户满意度，然后再考虑影响客户忠诚度的其他因素。

（二）客户信任

一般情况下，客户的购买行为会存在一定风险，如购买的产品存在质量问题、企业的退换货门槛高、产品性能不如销售人员所宣称的那样好等。为了避免和降低购买风险，客户往往倾向与自己信任的企业保持长期联系。因此，客户信任是影响客户忠诚度的核心因素，其可以使客户重复购买行为的实施变得简单易行，同时使客户对企业产生依赖。

（三）客户情感

客户关系的本质是企业与客户之间建立的情感联系。企业只有真正站在客户的角度，给予客户关怀，与客户建立超越经济关系之上的情感关系，才能赢得客户的心，赢得客户的忠诚。只有客户与企业存在深厚的感情时，客户才不会轻易"背叛"企业，即使受到其他利益的诱惑，也会掂量自己与企业之间的感情分量。

（四）客户归属感

客户选择并持续使用某种产品或服务，除了因为他们能得到产品或服务的性能和效用，还因为他们能从这种产品或服务中感受到某种归属感。例如，X 咖啡公司的忠诚客户把 X 咖啡厅当作一种居家和办公之外的第三场所，他们称在 X 咖啡厅可以体验到在别的地方无法体验的情调和氛围。

（五）客户转移成本

客户转移成本是指客户为更换企业所需付出的各种代价的总和。客户如果从一个企业转向另一个企业会损失大量的时间、精力、金钱、关系和感情，那么即使目前他们对该企业不是完全满意，也会三思而行，不会轻易离开。因此，客户转移成本能为企业维系客户提供助力，客户转移成本越高，客户忠诚度也会越高。

> **知识贴士**
>
> 客户转移成本可以归为以下三类：一类是时间和精力上的转移成本，包括学习成本、时间成本、精力成本等；另一类是经济上的转移成本，包括利益损失成本、金钱损失成本等；还有一类是情感上的转移成本，包括个人关系损失成本、品牌关系损失成本等。相比而言，情感转移成本比起另外两类转移成本更加难以被竞争对手模仿。

（六）品牌形象

品牌形象多以产品质量为基础，受产品的功能、特点、可信赖性、耐用性、外观、服务等因素影响，是客户的一种感性认识。不同客户对同一品牌既可能有相同或相似的感知，也可能有不同的感知；即使是同一个客户对同一产品的感知，也会因不同的产品推出形式而有不同的判断和评价。总之，品牌形象越好，品牌就越有竞争力，在客户心目中就占有越重要的地位，客户忠诚度就会越高。

（七）企业对客户的忠诚度

忠诚在企业与客户之间是双向的、互动的。任何企业都不能追求客户对企业的单向忠诚，而忽视企业对客户的忠诚。企业如果对客户的忠诚度高，一心一意地为客户着想，不断为客户提供满意的产品或服务，就容易获得客户的信任甚至忠诚。相反，企业如果不能持续地为客户提供满意的产品或服务，那么客户忠诚度就低。

（八）客户自身因素

客户自身因素也会影响客户忠诚度，但这类因素是企业无法改变的客观因素，如客户需求出现转移或消费习惯发生改变等。

三、客户忠诚度的衡量指标

客户忠诚度的衡量指标是企业判断客户忠诚的依据。通过衡量客户忠诚度，企业不仅可以进一步了解客户，还可以考核企业在提高产品质量和客户关系管理等方面所做出的努力是否达到目标，从而明确今后的经营管理方向，提高企业利润。

由于企业性质、产品和服务的不同，客户忠诚度的衡量指标也不完全一致。通常情况下，客户忠诚度可以通过以下几个指标进行衡量。

（一）重复购买次数

重复购买次数是指客户在一段时间内购买企业产品或服务的次数。在一定时期内，客户对某一企业产品重复购买的次数越多，说明其对这一企业的忠诚度越高，反之则越低。

需要注意的是，按重复购买次数衡量客户忠诚度时，企业应根据不同产品的性质区别对待。产品如果属于易损品或一次性用品，即使客户的重复购买次数很多，也不能轻易说明客户对该产品非常忠诚；产品如果属于耐用品，即使客户重复购买的次数很少，也不能说明客户对该产品的忠诚度很低。此外，按重复购买次数衡量客户忠诚度时，企业还需要排除某些特定的原因，如由垄断、地理位置等原因造成客户没有太多可供选择的产品。

（二）挑选时间

客户购买产品或服务时会进行挑选，但由于信赖程度的差异，客户对不同产品或服务的挑选时间是不同的。一般情况下，客户的挑选时间越短，说明其对该企业的忠诚度越高；反之，则说明其对该企业的忠诚度越低。

（三）价格敏感度

一般情况下，客户比较重视产品或服务的价格，但这并不意味客户对价格变动的敏感度相同。对于喜爱和信赖的产品或服务，客户对其价格变动的承受能力较强，即价格敏感度较低；而对于不喜爱或不信赖的产品或服务，客户对其价格变动的承受能力较弱，即价格敏感度较高。因此，企业可以依据客户对价格的敏感度来衡量客户忠诚度。价格敏感度高，说明客户对企业的忠诚度低；价格敏感度低，说明客户对企业的忠诚度高。

需要注意的是，如果产品供大于求，无论产品价格如何降低，客户也不会购买；如果产品供小于求，无论产品价格如何上涨，客户都会购买。在这种情况下，客户对价格的敏感度则不能反映客户对产品或服务的忠诚情况。

（四）对竞争品牌的态度

一般来说，客户对某品牌的忠诚度较高时，就会把更多的时间和精力用于关注该品牌的产品或服务，从而减少对竞争品牌的关注度。因此，如果客户对原购买品牌的竞争品牌产生兴趣，且愿意花费较多的时间关注竞争品牌的产品或服务，说明客户对原购买品牌的忠诚度较低；反之，则说明客户对原购买品牌的忠诚度较高。

（五）购买费用

客户如果对某一产品或服务支付的费用占购买同类产品或服务支付的费用总额的比值较高，即客户购买该产品或服务的占比大，说明客户对该产品或服务的忠诚度较高；反之，说明客户对该产品或服务的忠诚度较低。

（六）对产品或服务质量的承受能力

如果客户对某一品牌的忠诚度较高，当该品牌的产品或服务出现质量问题时，他们不会轻易拒绝该产品或服务（但前提是该产品或服务没有出现严重的质量问题或没有频繁出现问题），而是以宽容、谅解的态度与企业积极协商解决问题；如果客户对某一品牌的忠诚度较低，一旦该品牌的产品或服务出现问题，他们就会感到强烈的不满，并且拒绝再次购买。

任务二　提升客户忠诚度

任务导入　客户是小米集团的最大底气

王老师是一名高校教师，同时也是一位资深"米粉"。在本次客户关系管理交流会上，王老师说："企业想要提升客户忠诚度，不妨先看看小米集团是如何一步步锁定客户的。"

"2011年，当市场上的智能手机售价三四千元时，小米手机以1999元的低价格和高性能被大家熟知。当年，中央人民广播电台'中国之声'还专门报道了全民抢购小米手机的火热场景。"王老师说，"2021年8月10日晚，小米集团董事长表示，小米集团将拿出3.7亿元回馈购买小米手机的初代'米粉'。2021年12月28日晚，在小米12系列发布会上，小米集团董事长正式提出以技术创新撑起国产高端手机市场的决策，继续向全球高端市场发起冲击。"

王老师接着说："小米集团自第一款产品MIUI面世以来，就秉持与客户交朋友的理念，始终坚持以'做感动人心、价格厚道的好产品，让全球每个人都能享受科技带来的美好生活'为使命。无论是进军高端旗舰市场，还是力争三年内成为全球第一，全球数以亿万计的'米粉'都是小米集团最大的底气所在。"

请思考： 小米集团为何能积累数以亿万计的"米粉"？

一、培养客户忠诚度的流程

从潜在客户的挖掘到宣传客户的培养，企业一般可以通过以下六个阶梯式步骤，培养出优质的忠诚客户。

（一）吸引潜在客户

潜在客户与企业存在合作机会，属于企业有待挖掘并需要大力争取的客户。网络时代下企业吸引潜在客户的方式有很多。例如，六一儿童节当天，天猫在北京市北锣鼓巷以"快闪店"的形式开了一家回忆超市，向大孩子们贩卖童年回忆，"刷爆"不少人的朋友圈。需要注意的是，企业所选用的吸引潜在客户的方式要简练和自然，只有自然才能提高融入度，只有简练才能在客户心目中留下深刻的印象。例如，抖音——记录美好生活。

（二）确定目标客户

没有哪个企业可以使所有客户满意，因此，明确界定的目标客户是为企业指明方向的信号灯。具体来说，企业只有明确目标客户的消费偏好和消费能力，细分产品定位，实现差异化经营，才能真正培养出属于自己的忠诚客户群。例如，拼多多以最低的成本挖掘线上购物渗透率不高且对价格敏感的三、四线城市及广大农村地区的客户群，首创拼单模式。

（三）培养首次消费客户

一般情况下，企业可先用物美价廉的产品培养首次消费客户，然后用个性化品牌定位让客户体验产品的真正价值。例如，格力电器先利用价格亲民的家用空调使大众普遍接受，进而通过开发负氧离子空调、自清洁型空调等个性化产品得到客户的认可。

（四）引导客户重复消费

企业要想让客户重复消费，可以从以下两方面做起。第一，注重企业产品或服务的升级和改造，从而让客户对新产品或新服务产生浓厚的兴趣，愿意再次消费。第二，与客户保持密切联系，如为客户提供更多资讯，为客户提供一些其他增值产品或服务等，让客户对企业产生信任感，进而愿意再次消费。

（五）锁定铁杆客户

通常来说，铁杆客户愿意花钱购买企业的产品或服务，并愿意分享给其他人，对企业忠诚，且不容易被竞争对手抢走。为了锁定铁杆客户，企业应主动询问客户的意见，积极获取客户的反馈信息。同时，企业还要保持客户反馈渠道的多元化与简便畅通，让客户更愿意与企业建立联系。

（六）留住宣传客户

企业应定期评估收集的客户反馈信息，从中捕捉已出现的问题和潜在的问题，及时采取行动加以修正。在留住客户的同时，企业应让客户感受到产品的优良、服务的贴心，让客户心甘情愿地当企业的宣传员，宣传企业的产品或服务，提高企业知名度。

二、提升客户忠诚度的策略

一般来说，提升客户忠诚度的策略包括以下几点。

（一）积极满足客户需求

客户的需求通常是个性化的，企业要有意识地接触客户，了解他们的真正需求，然后结合企业的实际情况提供满足客户个性化需求的产品和服务。客户只有对企业的产品和服务感到满意，才可能成为企业的忠诚客户，然后向亲朋好友大力宣传，成为新客户的介绍者，使企业的客户群不断扩大。

（二）适当奖励忠诚客户

企业应适当奖励忠诚客户，让客户从这些物质奖励中感受到企业的关心与尊重，从而维护和提升客户忠诚度。奖励的形式有折扣、积分、赠品、奖品等。例如，企业可以根据客户购买数量的多少、购买频率的高低实施打折促销、赠送其他价值相当的礼品或以旧换新等优惠措施，以此来表示对老客户的关爱。

典型案例

X 咖啡公司的个性化福利

2015 年开始，X 咖啡公司逐步将客户忠诚度和奖励管理、在线订购、门店查询、在线支付等整合到了一个移动 App 应用程序。这种集中交易的方式使得客户必须使用公司的应用程序进行订购产品及付款，为公司创造了一个关于客户偏好和行为的数据"金矿"，让公司有能力为客户提供更加专业的个性化福利和服务。投其所好正是品牌与客户交流的最有效方式。

（三）建立客户组织

建立客户组织，如建立客户俱乐部、实行会员制度和积分制度等，可以使企业与客户的关系更加正式、稳固。通过客户组织，客户会感到自己有价值、受欢迎、被重视，从而产生归属感，对企业更加忠诚。这也有利于企业与客户进一步建立超越经济关系之上的情感关系。

（四）提高客户转移成本

企业可以采用特别的方式增加客户转移成本，建立与客户之间的结构性纽带，使得客户在遭遇退出障碍时对企业表现出忠诚。需要注意的是，企业如果仅仅靠提高客户转移成本来维系客户忠诚，而忽视了产品或服务本身，那将会使客户处于尴尬和无奈的境地。企业尽管可能会出现一时的兴隆和红火，一旦情况有变，将导致客户离开，更谈不上客户忠诚。

（五）加强员工忠诚度管理

员工的满意度、忠诚度与客户的满意度、忠诚度之间呈正相关的关系。一方面，只有满意、忠诚的员工才能愉快、熟练地提供令客户满意的产品或服务；另一方面，员工的满意度、忠诚度会影响客户对企业的评价，进而影响客户忠诚度。

想要通过培养员工的忠诚实现客户的忠诚，企业应做到以下几点：寻找优秀的员工并加强培训；培养员工树立"以客户为中心""客户至上"的理念；赋予员工充分的权利，使员工受重视、被信任；建立有效的激励制度，激发员工的工作热情；尊重员工的合理要求；建立促使员工努力留住客户的奖酬制度。

知识试练

一、不定项选择题

1.（　　）是指尽管客户不满却因别无选择，找不到其他替代品，只能被动地长期使用或接受企业的产品或服务。

　　A．垄断忠诚　　　　　　　　　　B．惰性忠诚

　　C．潜在忠诚　　　　　　　　　　D．方便忠诚

2.（　　）是指客户为更换企业所需付出的各种代价的总和。

　　A．客户转移成本　　　　　　　　B．时间成本

　　C．精力成本　　　　　　　　　　D．学习成本

3.客户忠诚度的衡量指标包括（　　）。

　　A．重复购买次数　　　　　　　　B．挑选时间

　　C．价格敏感度　　　　　　　　　D．对竞争品牌的态度

4.提升客户忠诚度可以（　　）。

　　A．积极满足客户需求　　　　　　B．适当奖励忠诚客户

　　C．主动设定会员制度　　　　　　D．加强员工忠诚管理

5.客户忠诚度的价值体现在（　　）。

　　A．增加企业收益　　　　　　　　B．增强企业竞争力

　　C．降低营运成本　　　　　　　　D．便于推广产品

二、判断题（正确的打"√"，错误的打"×"）

1.客户满意度高，客户忠诚度也一定高。　　　　　　　　　　　　　　（　　）

2.单靠提高客户转移成本，企业便可维系客户忠诚。　　　　　　　　　（　　）

3. 客户忠诚度即客户对企业忠诚的程度，是一个量化概念。 （ ）

4. 忠诚在企业与客户之间是双向的、互动的。 （ ）

5. 一般情况下，价格敏感度高，说明客户对企业的忠诚度低。 （ ）

三、简答题

1. 培养忠诚客户有什么意义？

2. 怎样提高客户忠诚度？

四、案例分析题

屈臣氏创新之路：培养忠诚客户，塑造品牌企业

屈臣氏在我国 490 多个城市拥有超过 4 100 家店铺和 6 300 万名会员，是为国内大众所熟知的保健及美妆产品零售连锁店。屈臣氏一直致力于通过为客户提供个性化的咨询与建议，配以傲视同侪（chái）的多元化产品种类，令客户每天都能"Look Good, Feel Great"。

从 2014 年到 2020 年，屈臣氏连续 7 年获得"中国最佳典范雇主"。2017 年，屈臣氏获得了由 HR Asia（亚洲人力资源部）颁发的"亚洲最佳企业雇主奖"。这充分肯定了屈臣氏对于企业文化及人才组织发展等方面的持续投入。此外，屈臣氏在质量与创新方面也建立了良好的声誉，从而赢得了客户的高度信赖，提升了客户忠诚度。

一、线下+线上，双管齐下

屈臣氏从装修布局到店铺形象再到服务模式，对各个门店进行了全方位升级，给客户带来了更好的体验。例如，屈臣氏通过升级免费化妆、AR 试妆（即通过人脸识别技术和 AR 技术模拟化妆效果）、皮肤测试、SPA（水疗）服务、扫码购、1 小时"闪电送"、门店自提、线上一对一专属美丽顾问等服务，丰富了客户的购物体验，满足了客户的多样化需求。

此外，屈臣氏不断创新，实行"线上+线下"策略，进行了全面数字化布局。在数字化平台的帮助下，屈臣氏将线上线下无缝融合，推出了屈臣氏小程序、屈臣氏 App，以及天猫、京东官方旗舰店，美团、饿了么平台店铺，为客户带来数字化时代的全新购物体验。

二、自有品牌+国际品牌授权，产品丰富

屈臣氏自有品牌发展已经超过 15 年，且每年都会推出数百款新品。此外，屈臣氏还获得了大量一线品牌授权，如宝洁、联合利华、施华蔻、资生堂、花王、森田药妆等。目前，屈臣氏门店有超千款产品在售，涵盖护肤、彩妆、洗发、沐浴、口腔护理、棉品/纸品、婴儿洗护、家居、美容工具等众多品类。

三、屈臣氏严检+第三方质检，用心承诺

为了确保自有品牌产品的卓越品质，屈臣氏设立了国内业界首个质检实验室，对自有

品牌产品进行严格的质量把控。对于所售国际品牌产品，屈臣氏除了根据国家法律法规进行审核，确保所售产品符合相关要求和规定，还要求供应商提供第三方检测机构出具的产品检测报告，以确保产品品质，让客户买得放心，用得舒心。

（资料来源：《赋能美妆国货品牌孵化 屈臣氏 O+O 零售是制胜关键》，
福建都市网，2021 年 11 月 17 日，有改动）

结合所学知识回答以下问题：

屈臣氏是如何紧跟时代，提升客户忠诚度的？

笃行致远

撰写客户忠诚度培养方案

〔实践描述〕

在客户关系管理交流会上，刘经理和王老师分别讲述了阿联酋航空公司、小米集团的相关案例，帮助大家初步了解了企业是如何培养客户忠诚度的。请以小组为单位，借助网络搜集这两家企业的相关资料，然后梳理、总结这两家企业在培养客户忠诚度方面的共同点，撰写客户忠诚度培养方案，并在班级上讨论交流。

〔实践目的〕

提高学生为企业培养忠诚客户的能力。

〔实践分组〕

全班学生以 5～7 人为一组进行分组，各组选出组长并进行任务分工，将小组成员及分工情况填入表 8-1 中。

表 8-1　小组成员及分工情况

班级		组号		指导教师	
小组成员	姓名	学号		任务分工	
组长					
组员					

〔实践过程〕

各组将具体的实践步骤及相关情况记录在表8-2中。

表 8-2　实践步骤记录表

遇到的问题、解决方法、心得感悟等	实践步骤
	1．搜集阿联酋航空公司的相关资料 （1）公司概况 （2）客户忠诚度培养措施 （3）取得的效果
	2．搜集小米集团的相关资料 （1）公司概况 （2）客户忠诚度培养措施 （3）取得的效果
	3．两家公司在培养客户忠诚度方面的共同点
	4．撰写客户忠诚度培养方案
	5．各组派一位代表在课堂上阐述本组的主要观点，然后全班学生展开讨论交流

〔实践考核〕

各组提交客户忠诚度培养方案，并配合指导教师填写考核评价表（见表8-3）。

表8-3 考核评价表

项目名称	评价内容	分值	评价分数		
			自评	互评	师评
知识技能评价（30%）	掌握客户忠诚度的相关理论知识	15			
	能够使用恰当的策略培养客户忠诚度	15			
素养评价（30%）	能够积极、认真地参与实践活动	10			
	具备团队精神，能够与他人开展合作	10			
	善于梳理分析、归纳总结	10			
成果评价（40%）	培养方案言之有物，具备可行性	20			
	培养方案逻辑清晰，易于理解	20			
合计		100			
总评	自评（20%）+互评（20%）+师评（60%）=	教师（签名）：			

明德博学

挽留客户须以服务为主

2019年12月，杨先生在办理携号转网时被电信运营商告知，自己的手机号码存在有效期20年的靓号协议，要转出需先缴纳违约金1.8万余元。

所谓的靓号，就是含有连串号，或者带有8、6、9等数字的号码。因为符合客户的文化价值观念，所以靓号受到了广大客户的追捧，成为电信市场的稀缺资源。电信运营商正是基于对资源稀缺性的判断，在卖出靓号时，与客户签订最低消费期限、最低消费金额等协议。更重要的是，能够取得靓号的客户往往具有高收入、高消费等特点，能为运营商带来持续的高额收益。这正是运营商不愿让靓号客户流失的原因所在。

在携号转网政策实施之后，运营商拿出《中华人民共和国合同法》的相关条款与靓号客户进行博弈，以抬高客户的违约成本。事实上，运营商只有将重点放在服务质量和产品性价比上，才能吸引和挽留客户，而不是通过增加烦琐的手续阻挠客户携号转网。

（资料来源：木丁，《靓号转网天价违约金 挽留客户须以服务为主》，

《新京报》2019年12月26日，有改动）

模块九

久久为功

——客户保持管理

模块导读

在产品高度同质化的品牌营销阶段，企业与企业之间的竞争集中体现在对客户的争夺上。但是企业在尽可能多地获取新客户的同时，也不要忽略对企业现有客户的保持，避免企业现有客户的流失。相关数据表明，企业开发一个新客户的成本是保持一个老客户成本的5~10倍；企业向新客户推销产品的成功率是15%，而向现有客户推销产品的成功率是50%。因此，对企业而言，保持现有客户成为企业生存发展的重要保证。

本模块主要介绍了客户保持的相关知识，以及如何应对客户流失。

素养目标

(1) 培养举一反三的能力。

(2) 强化服务意识，提高表达能力与沟通能力。

知识目标

(1) 了解客户保持的意义。

(2) 熟悉客户保持的有关模型。

(3) 掌握客户保持的策略。

(4) 了解客户流失的原因。

(5) 掌握挽留流失客户的措施及预防客户流失的方法。

技能目标

(1) 能够保持客户。

(2) 能够减少客户流失。

任务一 认识客户保持

在客户关系管理交流会上，旅游企业负责人宋经理说："各行各业在客户保持方面有一定的相似之处，我介绍一下旅游企业的客户保持方法，供大家参考。"

"随着传播途径的多样化，'网红'旅游产品层出不穷。在我看来，大多数'网红'旅游产品并不持久。旅游企业要想打造品牌、留住客户，不能仅追求短期效应。追求'一锤子买卖'的传统旅游营销不再符合现实，吸引客户重复消费成为旅游企业的目标。毕竟好的产品营销最多只能对客户的第一次消费产生影响，而企业最高明的营销永远都是口碑营销。只有好的产品才能给客户提供好的体验和感受，从而打动客户，赢得口碑，并让客户成为二次、三次消费者和企业产品的推荐者。"宋经理说。

宋经理接着说："其实，旅游企业想要塑造品牌并留住客户是非常艰难的，需要经过一点一滴的积累。每一个成熟的品牌都会逐渐聚集起自己的拥护者，因此，品牌的发展过程实际上也是企业和客户之间培养感情的过程。企业应找准市场定位及目标客户群体，通过对客户需求的理解不断优化产品，然后靠好的产品留住客户。"

（资料来源：《从慕名来到回头客 旅游淘汰"一锤子买卖"》，中国江苏网，
2019 年 2 月 13 日，有改动）

请思考： 为什么旅游企业要淘汰"一锤子买卖"？

一、客户保持的意义

客户保持是企业客户关系管理的一个基本目标，是指企业通过维持已建立的客户关系，使客户重复购买企业产品或服务的过程。对企业而言，客户保持不仅可以促进企业销售，降低企业成本，还可以提高企业的知名度和美誉度。

头脑风暴

客户保持与客户忠诚之间存在着怎样的联系？和同学讨论，说一说自己的看法。

（一）促进企业销售

客户保持对企业销售产品或服务起着很大的促进作用。受信任、归属感、客户转移成

本等多种因素的影响，客户更愿意与合作过的企业进行交易，同时还会向亲朋好友大力推荐企业的产品或服务，这些都会促进企业销售。

（二）降低企业成本

客户保持能为企业节省一大笔客户开发成本。无论什么企业，想要取得新客户的信任，并使新客户从企业购买产品或服务，都需要投入大量的人力、物力和财力。例如，企业利用广告宣传吸引新客户，安排相应的工作人员为新客户介绍企业的产品或服务，都会投入一定成本。而老客户对企业的产品或服务比较熟悉，不用过多地咨询企业工作人员。企业一般只需根据客户的购买能力和需求定期对其进行提醒，便可达成交易。

> **典型案例**
>
> ### 留住老客户
>
> 雷特在父亲去世之后，接手了自家建筑公司经理一职。上任后，他决定给过去7年内没有消息的客户打电话。之所以选择这些客户，是因为他知道平均7年客户手中就会有新的工程项目。
>
> 通过电话回访，雷特发现好多客户对公司以前的合作并不满意。这些客户认为建筑公司在某些地方应该做得更快、更好，价格应该更优惠。随后，雷特决定为每一位不太满意的客户提供免费维修服务。令雷特没想到的是，随着该服务的推进，30%的老客户与公司签订了新的工程合同，而其中只有5%的老客户要求修缮以前的建筑。
>
> 雷特并没有花费公司很多钱，却为公司留住了30%的老客户。

（三）提高企业的知名度和美誉度

客户保持能提高企业的知名度和美誉度。企业之所以能够保持客户，是因为这些客户对企业满意且忠诚。这些客户不但会持续购买企业的产品或服务，还会向他人宣传企业的产品或服务（这种宣传效果胜过企业斥巨资拍摄广告所带来的宣传效果），从而使企业的知名度和美誉度不断提升。

> **知识贴士**
>
> 知名度是指一个组织被公众知晓、了解的程度，是评价组织名气大小的客观尺度。知名度侧重于"量"的评价，即组织对社会公众影响的广度和深度。

二、客户保持的有关模型

客户保持模型有客户保持基本模型和客户保持价值模型两种。

（一）客户保持基本模型

客户保持基本模型表明了客户重复购买意向、客户满意度、客户认知价值、客户转移成本之间的因果关系和影响方向，如图 9-1 所示。其中，客户重复购买意向是指客户持续与企业交易的愿望或倾向，客户认知价值是指客户对企业产品或服务价值的主观评价。

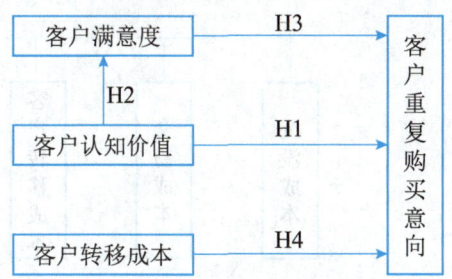

图 9-1　客户保持基本模型

在客户保持基本模型中，每一个因果关系可以用一个假设来表示，具体如下所述。

（1）H1——客户认知价值越高，客户重复购买意向就越强。

（2）H2——客户认知价值越高，客户满意度就越高。

（3）H3——客户满意度越高，客户重复购买意向就越强。

（4）H4——客户转移成本越高，客户重复购买意向就越强。

（二）客户保持价值模型

客户保持价值模型从客户主动保持和客户被动保持两个方面对客户保持影响因素进行了分析，如图 9-2 所示。其中，客户主动保持受动力因素（某种价值或利益，能够驱动客户主动保持关系）影响，客户被动保持受阻力因素（客户终止关系时，不得不承受的成本或损失）影响。

1. 客户主动保持

具体而言，客户主动保持与客户剩余价值、客户心理依附有关。

（1）客户剩余价值。客户剩余价值是指客户为取得企业产品或服务愿意支付的价格与取得该产品或服务实际支付价格的差额。产生客户剩余价值的原因在于客户基本期望与潜在期望的满足，其中，基本期望主要包括高质量的核心产品及配套的必要辅助服务，潜在期望主要包括获得更大的物质利益、企业服务补救、行业内最专业的服务、完善的一体化解决方案等。在其他客户保持因素不变的情况下，客户剩余价值越大，客户主动保持的动力就越强。

（2）客户心理依附。客户心理依附是指客户在心理上对企业产生的良好印象，具体包括企业的品牌定位、企业的良好信誉、企业客户关怀、客户对企业文化的认同等。因此，企业通过树立良好的品牌形象，与客户保持良好沟通，可有效推动客户主动保持。

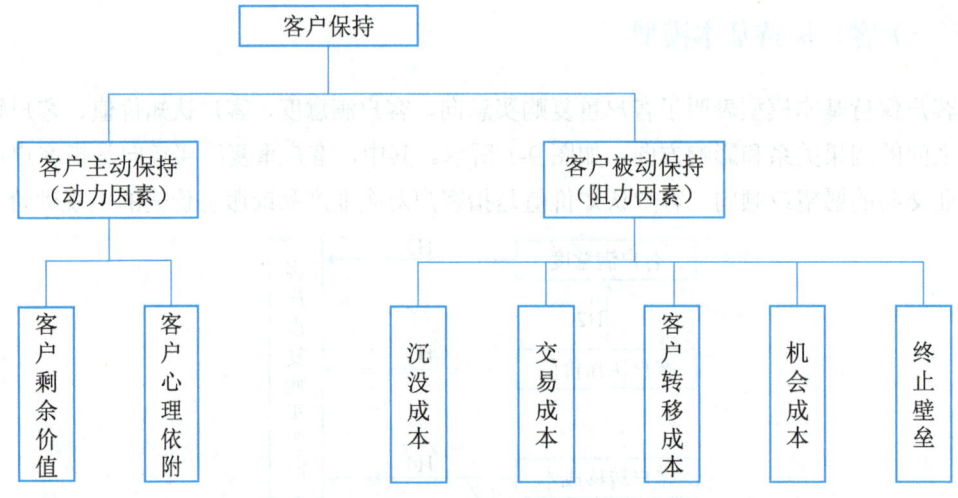

图 9-2　客户保持价值模型

2. 客户被动保持

具体而言，客户被动保持除了和客户转移成本有关，还与沉没成本、交易成本、机会成本、终止壁垒有关。

（1）沉没成本。沉没成本是指前期已经发生、与后期是否投入无关、不可收回的成本。对客户而言，沉没成本具体包括基础性投资、专用性投资、学习成本（即了解企业品牌所花费的时间、精力及费用）等，其只有在客户关系继续维持的情况下才能创造价值。沉没成本越大，越有可能在心理上给客户造成不肯割舍的依赖性。

（2）交易成本。交易成本是指完成一笔交易所花费的成本，包括金钱成本、时间成本、精力成本等。一般来说，竞争企业与客户的交易成本越大，则本企业对客户的吸引力就越大。

（3）机会成本。机会成本是指将一种经济资源投入某一特定用途后，所放弃的在其他用途中所能得到的最大收益。机会成本存在的原因在于经济资源的稀缺性。例如，当客户终止与 A 企业的交易转而选择 B 企业的产品或服务时，意味着客户必须放弃以下几个方面的利益：A 企业的各种配套服务，与 A 企业建立的良好关系，A 企业在未来可能为客户带来的新的收益，等等。

（4）终止壁垒。终止壁垒是指客户终止关系时所遇到的各种阻碍因素，包括违背契约所必须付出的赔偿、人际关系的阻力等。例如，客户在使用本企业产品或服务的过程中产生某种依赖性，从而不习惯使用其他企业的产品或服务。

综上所述，企业要想长期保持客户关系，则需要在客户主动保持方面进行引导与创新，在客户被动保持方面设置较高的退出障碍。

三、客户保持的策略

通过分析客户保持的有关模型，企业可以从注重产品质量、提供优质服务、塑造品牌形象、保持价格优惠及加大感情投资五个方面来提高客户保持水平。

（一）注重产品质量

长期稳定的产品质量是企业保持客户的根本。高质量的产品本身就是客户保持的强大推动力。需要注意的是，随着社会的发展和市场竞争的加剧，客户需求逐渐转向个性化，"与众不同"已成为大部分客户的追求。因此，注重产品质量不仅强调企业的产品应达到符合标准的程度，还强调企业应不断根据客户的意见和建议开发出真正满足客户个性化需求的产品。

（二）提供优质服务

随着社会的发展，同类产品在质量和价格方面的差距越来越小，而企业在服务方面的差距却越来越大，客户对服务的要求也越来越高。客户在选择产品时，往往会把若干因素掺杂在一起，如产品的可信度、物流的速度、产品说明书的准确度、工作人员的态度等。虽然再好的服务也不能使劣质品成为优质品，但优质品绝对会因劣质的服务失去大量客户。因此，企业应不断提升客户服务水平，为客户提供优质服务，进一步保持原有客户。

如何提供优质服务

（三）塑造品牌形象

面对日益繁荣的商品市场，在客户需求得到极大满足的同时，客户偏好差异性增强，客户开始倾向于产品品牌的选择。客户品牌忠诚的建立取决于企业在客户心目中的形象。只有让客户对企业有深刻的印象和强烈的好感，他们才会成为企业品牌的忠实拥护者，持续购买企业的产品或服务。

（四）保持价格优惠

价格优惠不仅仅体现在低价格上，更重要的是能向客户提供他们所认同的价值，如改善产品品质、增加产品功能、提供灵活的付款方式和资金融通方式等。此外，如果客户是中间商，企业通过为其承担经营风险而确保其利润也不失为一种具有吸引力的客户保持策略。

（五）加大感情投资

一旦与客户建立了业务关系，企业就要积极与客户建立超越经济关系的情感关系，进而用这种情感关系来强化与客户的关系。例如，记住个人客户的生日、企业客户的厂庆纪念日等重要日期，并采取适当方式表示祝贺等。又如，对待重要客户，企业负责人要亲自接待和走访，并邀请他们参加本企业的重要活动，使其感受到企业所取得的成就离不开他们的全力支持；对待一般客户，企业可以通过建立俱乐部、举办联谊会等固定沟通渠道，保持并加深与他们的关系。

典型案例

海尔给家电"过生日"

某天，乾先生家中来了一位海尔星级服务中心的工程师。"乾先生，您好！我今天来是给您的海尔电脑'过生日'的。"说完，工程师便双手递上一张贺卡。

乾先生接过贺卡，几行温馨的话语映入眼帘："尊敬的乾先生，今天是您的海尔电脑3周岁'生日'，感谢您成为海尔用户，并请接受我们海尔人对您全家人的祝福。同时，我们的星级服务工程师会对您的家电进行通用检测及保养。"看过贺卡，乾先生心里暖暖的。

随后，工程师不仅仔细地检查了乾先生的海尔电脑，还通用检测了乾先生家中所有的海尔家电。看着家中干干净净、焕然一新的海尔家电，乾先生十分高兴，感慨道："没想到你们会把相关资料记录得这么清楚，更想不到你们会送来这么贴心的服务。以后买家电，我还会选择海尔。"

任务二　应对客户流失

C　任务导入　为时已晚的客户挽留

在客户关系管理交流会上，企业高管赵经理向大家分享了他"抛弃"A银行的经历。赵经理说："以前，我对A银行的印象挺好的，有什么业务也都会选择去A银行办理。有一天，A银行的客户经理建议我开通信用卡。在开通信用卡之前，我们便约定好用积分抵扣年费。可是，我发现信用卡还是产生了年费。"

为时已晚的客户挽留

"当我去A银行要求退回年费时，银行的工作人员解释称，扣除年费属于系统自动划账，不能人工操作退回。我很生气，当即决定注销信用卡。令我没想到的是，在注销信用卡的过程中，竟然没有一位银行工作人员询问我注销信用卡的原因。"赵经理接着说，"一个月后，我才接到客户经理的回访电话。客户经理得知事情缘由后，马上承诺为我重新办理一张免年费的信用卡。可是为时已晚，我早已成为其他银行的客户了。"

请思考： 赵经理为什么会"抛弃"A银行？

客户流失是指企业的客户由于种种原因不再忠诚，而转向购买其他企业的产品或服务的现象。客户流失可分为主动流失和被动流失。其中，主动流失是指客户主动选择另外一个企业，使用他们的产品或服务的一种现象；被动流失是指由于客户存在恶意欠款或抹黑企业等情形被企业解除服务合同的一种现象。

企业不仅不能轻易放弃流失客户，而且应当重视他们，积极对待他们，并争取挽留他们，促使他们重新购买企业的产品或服务，与企业建立稳定的合作关系。

一、客户流失的原因

企业应正确认识客户流失的原因，然后采取相应的行动，避免造成客户的永久流失。一般而言，客户流失的原因有以下几种。

（一）自然流失

自然流失主要表现为，客户由于经济状况改变或发生地域上的迁徙等，被迫和企业中断交易关系。这种类型的客户流失不是人为因素造成的，是不可避免的。

（二）竞争流失

由企业竞争对手的影响造成的客户流失称为竞争流失。例如，竞争对手采取优惠、特价、折扣等措施，或推出功能和质量更好的产品或服务，将本企业的客户拉拢过去。

（三）过失流失

由企业自身工作中的过失引起客户的不满造成的客户流失称为过失流失。例如，企业形象不佳、产品性能不好、服务态度恶劣等造成的客户流失。据统计，过失流失在客户流失中所占的比例较高，但企业可以在分析客户流失原因的基础上，通过采取一些有效手段进行预防。

（四）恶意流失

恶意流失主要表现为，客户因失信或故意诈骗等行为导致企业主动放弃这类客户。避

免这类客户流失的最好办法是建立完善的客户资料库、对客户信誉进行评估、采用客户预付费等措施。

（五）其他流失

除上述几种情况外，还有其他导致客户流失的原因。例如，企业员工跳槽带走与其关系不错的客户；客户对企业的情感不够深，没有归属感；客户转移成本低，对企业的依赖程度低等。

典型案例

"双 11"平台商家应少点套路多点诚意

"一波优惠猛如虎，一看便宜两毛五"反映了不少网友对"双 11"平台商家使用先涨后降、花式买赠等套路的不满。始于 2009 年的"双 11"活动，最初因为给予了客户实实在在的优惠，获得了客户认可，吸引了大量客户。

然而，近年来的"双 11"活动，预售、红包、满减、优惠券等规则越来越复杂，使得购物流程越来越烦琐，给客户带来的体验也越来越差。问题背后折射出平台、商家在客户关系管理方面存在的一些问题。如果总是"套路大于实惠"，不仅会增加客户的负担，还会造成客户流失，企业得不偿失。

（资料来源：江聃，《"双 11"平台商家应少点套路多点诚意》，证券时报网，

2021 年 11 月 6 日，有改动）

二、挽留流失客户的措施

挽留流失客户是指企业运用科学的方法争取将流失客户留下的行为。企业挽留流失客户的具体措施如下所述。

（一）调查原因，缓解不满

企业必须深入了解、弄清楚客户流失的原因，才可以获得大量有用的信息，发现企业经营管理中存在的问题，从而采取必要的措施，缓解流失客户的不满，有效避免其他客户的流失。因此，当客户流失的状况出现时，企业要在第一时间积极主动地与流失客户取得联系，诚恳地表示歉意，了解客户选择离开的原因，并虚心听取客户的意见、看法和要求，让他们感受到企业的关心。

如何处理客户流失问题

管理视野

区别对待不同的流失客户

对企业来说，并不是每一位流失客户都是企业的重要客户。在资源有限的情况下，企业应根据客户的重要性分配挽留客户的资源投入，实现效益最大化。一般而言，针对不同级别的流失客户，企业应持有不同的态度。

（1）对关键客户的流失要极力挽留。关键客户在流失前能够给企业带来较大的价值，被挽留后也将给企业带来较大的价值。因此，企业要不遗余力地在第一时间挽留关键客户，而不能任其走向竞争对手。

（2）对普通客户的流失要尽力挽留。普通客户的重要性仅次于关键客户，且有可能升级为关键客户。因此，企业对普通客户的流失要尽力挽留，使其继续为企业创造价值。

（3）对小客户的流失可见机行事。由于小客户的价值低，数量多且零散，所以企业对这类客户可顺其自然。如果挽留这类客户比较容易，企业可以试着将其挽留。

（4）放弃不值得挽留的客户。具有以下特征的流失客户是不值得企业挽留的：① 不可能为企业再带来利润的客户；② 无法履行合同约定的客户；③ 无理取闹、损害企业利益的客户；④ 需求超过了合理的限度，妨碍企业对其他客户服务的客户；⑤ 声望太差，与之建立业务关系会损害企业形象和声誉的客户。

（二）对症下药，尽力挽留

企业只有充分考虑流失客户的利益，并站在流失客户的立场上，对不同原因的流失客户有针对性地采取有效措施才能挽留流失客户。例如，针对喜新厌旧型客户的流失，企业可以在产品、服务、广告、促销等方面多一些创新。

如果流失客户对企业的整改方案不满意，企业可以根据情况询问客户的意见。如果流失客户认可企业的整改方案，企业应抓紧时间实施。只有这样，流失客户才会被企业的诚意打动，认为企业重视他们提出的问题并真心实意地解决问题，从而恢复对企业的信心，继续购买企业的产品或服务。

典型案例

伊利公司挽留流失客户

2008 年，中国乳业陷入信任危机。伊利公司作为奶粉业巨头，也因此流失了许多客户。那么，伊利公司是怎么挽留流失客户的呢？

（1）实施三清理，即严格清理原料供应环节可能出现的问题产品；严格清理库存产品，凡是有问题的库存产品一律销毁，绝不让问题产品流入市场；严格清理市场上

不合格的产品，绝不让一件有问题的产品留在市场上。

（2）实施三确保，即确保所有产品都必须经过本企业和国家质检部门的严格检测后再出厂，确保原奶收购环节的严格检查，确保奶农利益。

（3）实施两头抓，即抓原奶收购和出厂两个环节。在原奶收购环节加强和提升了检测水平，在出厂环节配备了高精度的检测仪器进行检测。

（4）推出 24 小时网络生产直播平台，即从奶牛饲养到机械挤奶，从产品灌装到出库流通，客户均可通过视频观看奶粉生产的全过程。

（5）开展"放心奶大行动""天天都是开放日，人人都是监督员"等活动，邀请客户、质检专家、媒体工作者走进伊利工厂，亲眼见证原奶验收、无菌处理、无菌灌装、入库出库等环节的操作流程……

伊利公司一系列对症下药的措施得到了客户的积极回应，使客户愿意信任及继续购买伊利产品。

三、预防客户流失的方法

在竞争激烈的市场中，一旦发生客户流失，特别是忠诚客户的流失，企业利润必将受到严重影响。因此，在客户流失前，企业要有一定的防范意识，努力维持客户的忠诚度，预防客户流失。一般而言，预防客户流失的方法主要有以下几点。

（一）提高整体服务质量

客户是否购买企业的产品往往受服务质量的影响。不少客户认为，连服务都做不好的企业，产品肯定也做不好。此外，在同等优质的产品面前，客户会优先选择服务好的企业。因此，企业除了要确保产品质量，还要尽可能为客户提供周到、贴心、热情的服务。例如，虽然海尔集团的家用电器价格比其他品牌同类产品偏高，但拥有大批的忠诚客户，这正是因为海尔的优质服务让客户感受到了物有所值。

（二）增强产品的竞争力

面对瞬息万变的市场环境，面对个性化、多样化的客户需求，面对优胜劣汰的市场规则，企业唯有不断增强产品的竞争力，才能在激烈的市场竞争中脱颖而出。企业如果不能根据市场变化做出相应的产品调整与创新，则会大大增加客户的流失概率。

这就要求企业必须识别自己的目标客户，调查客户的现实和潜在需求，明确客户购买的动机、行为和能力，从而确定产品的开发方向与生产数量，提供适销对路的产品，以满足或超越客户的需求和期望。

（三）合理制订产品价格

预防客户流失，不仅要做到物美价廉，更要让客户感受到产品物有所值。因此，企业要合理制订产品价格，以合理的价格留住客户。当然，企业如果把"打折""促销"作为追求客源的唯一手段，则会使企业和品牌失去它们最忠实的客户群。

（四）实施客户关怀服务

企业通过实施客户关怀服务，能够提高客户忠诚度，预防客户流失。具体而言，客户关怀服务贯穿于售前、售中和售后的所有环节。

售前进行的客户关怀服务主要是指向客户提供有关产品或服务的信息，其可为以后与客户建立关系打下基础；售中进行的客户关怀服务与企业提供的产品或服务紧密相连，包括订单的处理及相关细节的处理，这些都要与客户的期望相吻合，以更好地满足客户需求；售后进行的客户关怀服务主要集中于高效地跟进和维护客户关系、处理客户投诉等，以实现企业与客户的良性互动。

典型案例

一次失败的销售经历

乔经理向一位客户销售汽车时，整个选车过程都十分顺利。当客户正要掏钱付款时，另一位汽车销售人员走过来跟乔经理谈起了前一天的篮球赛，乔经理一边跟同事津津有味地说笑，一边伸手去接车款。不料，客户突然扭头而走，车也不买了。

乔经理苦思冥想了好久，不明白客户为什么突然放弃了挑选好的汽车。后来，他终于忍不住给客户打了一个电话，询问客户突然改变主意的理由。客户不高兴地在电话中告诉他："今天下午准备付款时，我同你谈到了我的小儿子，他刚考上大学，是我们家的骄傲。可是，你一点儿也不关心，只顾着跟你的同事讨论篮球赛。"

（五）避免员工流失造成客户流失

有些客户之所以忠诚于某个企业，可能是因为与之联系的员工与其建立了良好、稳定的关系。当员工跳槽离职时，客户有可能跟随他离开，进而造成客户流失。因此，企业应采取相应的措施减少客户对企业员工个人的依赖。例如，实行轮换制度，即每隔一段时间更换与客户联系的员工；以客户服务小组的形式削弱单个员工对客户的影响；通过建立客户信息数据库实现企业内部的客户资源共享等。

一、不定项选择题

1. （　　）是指企业通过维持已建立的客户关系，使客户重复购买企业产品或服务的过程。

　A. 客户保持　　　　　　　　B. 客户关怀

　C. 客户沟通　　　　　　　　D. 客户服务

2. 客户主动保持与（　　）有关。

　A. 客户剩余价值　　　　　　B. 客户心理依附

　C. 机会成本　　　　　　　　D. 沉没成本

3. 客户被动保持与（　　）有关。

　A. 沉没成本　　　　　　　　B. 交易成本

　C. 机会成本　　　　　　　　D. 终止壁垒

4. 由企业自身工作中的过失引起客户的不满造成的客户流失称为（　　）。

　A. 自然流失　　　　　　　　B. 竞争流失

　C. 过失流失　　　　　　　　D. 恶意流失

5. 预防客户流失的方法包括（　　）。

　A. 提高整体服务质量　　　　B. 增强产品的竞争力

　C. 合理制订产品价格　　　　D. 实施客户关怀服务

二、判断题（正确的打"√"，错误的打"×"）

1. 通常，客户转移成本越高，客户重复购买意向就越强。（　　）

2. 在客户关系管理活动中，客户保持的因素分为动力因素和阻力因素。（　　）

3. 由企业竞争对手的影响造成的客户流失称为自然流失。（　　）

4. 长期稳定的产品质量是保持客户的根本。（　　）

5. 企业应想尽办法留住所有的流失客户。（　　）

三、简答题

1. 客户保持的方法有哪些？

2. 什么是客户流失？如何挽留流失客户？

四、案例分析题

祥生控股集团——做更懂客户的升级

祥生控股集团（以下简称"祥生集团"），20世纪80年代初创立于浙江省诸暨（jì）市，历经几十年发展，已成长为一家集地产开发、小镇开发及运营、商业开发及运营、建筑安装、物业管理、酒店管理等业务于一体的多元化产业集团。祥生集团以"幸福生活运营商"为企业定位，始终秉持企业初心，把洞察客户需求、提高产品品质作为核心竞争力。

一、读懂客户，为产品创新储能

为了全面推进产品创新，不少房地产企业开始把"读懂客户"提升到企业战略高度。很多房地产企业在立面、景观、智能科技上不惜成本投入，却收获甚微。归根结底，读懂客户并不是一味做加法，做产品也不能凭空想象，只有真正与客户面对面交流、倾听客户心声，企业才能精准把握客户的核心需求。

2020年下半年始，祥生集团启动了历时超过100天的"幸福，是什么？"线上问卷答案征集，广泛征集客户心中的幸福答案。基于对客户需求的认识与学习，祥生集团将从前的七大产品体系整合成四条全新的产品线。除了满足客户精神需求，祥生集团还为产品打造了多元配套设施及服务落地，通过全新四大产品线构建满足"全龄段、强客户体验、家庭全生活周期体验"的当代城市生活体系，做出满足客户理想需求的"爆款"产品。

从建筑之美的坚持到生活体验的丰盈，祥生集团在产品线的迭代过程中将市场需求与客户需求作为产品研发的底色，从而实现了一次更适配且灵活的产品升级。

二、服务升级，聚焦社区氛围培养

对房地产企业而言，打造全周期关怀体系，能起到保持客户、提升品牌竞争力的关键作用。除此之外，如何建立良好的分享平台持续吸引新客户，同样是一项重要挑战。在硬件创新的基础上，祥生集团以24小时陪伴、全周期关怀、全龄悦享、志趣乐享为四大维度，从细节处回应客户的生活需求，打造"有温度、有生活、有活力"的幸福社区。

例如，面对中青年群体，祥生集团自2019年起持续发扬篮球文化，并在2021年全民奥运的背景下，将业主篮球联赛全新升级为"飞人篮球赛"，为篮球爱好业主打造交互平台。与此同时，祥生集团还在业主篮球活动中尝试了跨界联名互动，与安踏、战马两大国潮品牌展开合作，进一步丰富了赛事形式与特色，增强了业主的体验感。

又如，聚焦小业主群体，祥生集团特别为亲子家庭打造了"小飞象小业主夏令营"，涵盖线上和线下活动，聚焦5～12岁儿童教育与健康，为孩子们提供暑期学习实践平台。

祥生集团在社区氛围营造中重视品牌塑造与客户需求，其根本是希望能在社区环境中营造多元、丰富的生活场景和社交场景，进而从产品创新与服务升级双向发力，让幸福生

活拥有更多可能。

（资料来源：欧云海，《产品焕新共建美好社区 祥生控股集团做"更懂客户"的升级》，

中国经济网，2021 年 12 月 31 日，有改动）

结合所学知识回答以下问题：

祥生集团具体做了哪些升级，取得了怎样的效果？

笃行致远

客户保持管理之我见

〔**实践描述**〕

在客户关系管理交流会上，旅游企业负责人宋经理和企业高管赵经理分别向大家分享了他们对客户保持管理的看法。请结合自己的生活经历，与同学分享你关于企业客户保持管理的看法。

〔**实践目的**〕

提升学生对企业客户保持管理的认知水平。

〔**实践过程**〕

将具体的实践步骤及相关情况记录在表 9-1 中。

表 9-1　实践步骤记录表

遇到的问题、解决方法、心得感悟等	实践步骤
	1. 回想自己的生活经历 （1）我喜欢（厌恶）×× 例如，我喜欢去××超市购物。 ××之后，我再也不去××超市购物了。 （2）我喜欢（厌恶）××的原因 例如，我喜欢去××超市是因为该超市购物服务好

遇到的问题、解决方法、心得感悟等	实践步骤
	2. 分析该企业在客户保持方面做得好（不好）的地方
	3. 通过以下措施，该企业可以在客户保持方面做得更好
	4. 设计制作"企业客户保持管理之我见"PPT（10～20张），PPT的命名方式为"姓名—学号—企业客户保持管理之我见"
	5. 在课堂上展示、分享自己制作的PPT，然后全班学生展开讨论交流

〔 **实践考核** 〕

提交PPT，并配合指导教师填写考核评价表（见表9-2）。

表9-2 考核评价表

项目名称	评价内容	分值	评价分数		
			自评	互评	师评
知识技能评价（30%）	掌握客户保持管理的相关理论知识	15			
	能够使用恰当的策略加强企业客户保持管理	15			
素养评价（30%）	对待任务认真、用心	10			
	善于思考，能够举一反三	10			
	能够发现问题、分析问题、解决问题	10			
成果评价（40%）	PPT主题明确、层次分明、内容具体，整体设计风格统一，画面美观大方	20			
	表达流畅，逻辑清晰	20			
合计		100			
总评	自评（20%）+互评（20%）+师评（60%）=	教师（签名）：			

明德博学

及时致歉，挽留客户

2020 年 1 月，一场突如其来的新冠疫情给实体餐饮行业带来了始料未及的冲击。2020 年 4 月初，随着疫情防控形势持续向好，各地餐饮企业陆续复工，不少门店恢复堂食。然而，一位网友在微博晒出了某火锅店的账单：半份血旺从 16 元涨到 23 元，半份土豆片 13 元（算下来一片土豆 1.5 元），自助调料 10 元一位，米饭 7 元一碗。

消息一出，该火锅店的涨价事件便在网上迅速发酵。对此，新浪财经发起一个投票，参与人数多达 3.2 万人，有将近 78% 的客户表示不会去该火锅店消费。

受疫情影响，客户的消费能力有所下降，实体餐饮企业的收益也有所减少。虽然直接涨价能带来一定利润，但粗暴地将自己的损失通过涨价转嫁给客户，更容易让客户反感。如果因此失去庞大的客户群，企业更是得不偿失。

2020 年 4 月 10 日，该火锅店发布致歉信称："门店此次涨价是公司管理层的错误决策，伤害了客户的利益。对此我们深感抱歉。自即时起，门店菜品价格恢复到 2020 年 1 月 26 日门店停业前标准。"

参考文献

[1] 伍京华. 客户关系管理 [M]. 北京：高等教育出版社，2021.

[2] 苏朝晖. 客户关系管理 [M]. 3 版. 北京：高等教育出版社，2021.

[3] 莫修梅，张冠凤，陈少军. 网络客户关系管理 [M]. 北京：航空工业出版社，2019.

[4] 栾港. 客户关系管理理论与应用 [M]. 2 版. 北京：人民邮电出版社，2019.

[5] 马刚，杨兴凯，姜明. 客户关系管理 [M]. 4 版. 大连：东北财经大学出版社，2018.

参考文献

[1] 　　　　　，　　　　　[M]．北京：　　　出版社，2021．

[2] 　　　，　　　　　[M]．北京：　　　　出版社，2021．

[3] 　　，　　，　　　　　　　　　[M]．北京：　　　　出版社，2019．

[4] 　　，　　　　　　　　　[M]．北京：　人民出版社，2019．

[5] 　　，　　，　　　　　[M]．北京：　　　　大学出版社，2018．